BIBLIOGRAPHIE

DES

SOCIÉTÉS SAVANTES DE LA FRANCE.

1886.

MINISTÈRE

DE L'INSTRUCTION PUBLIQUE ET DES BEAUX-ARTS.

COMITÉ

DES TRAVAUX HISTORIQUES ET SCIENTIFIQUES.

BIBLIOGRAPHIE

DES

SOCIÉTÉS SAVANTES DE LA FRANCE,

PAR

EUGÈNE LEFÈVRE-PONTALIS,

BIBLIOTHÉCAIRE DU COMITÉ.

PARIS.

IMPRIMERIE NATIONALE.

M DCCC LXXXVII.

La bibliographie que le Comité des travaux historiques et scientifiques nous a chargé de faire paraître en son nom renferme le catalogue des publications de toutes les Sociétés savantes françaises. Le premier recueil de ce genre, publié en 1878 par M. Ulysse Robert dans la *Revue des Sociétés savantes*, ne comprenait que la bibliographie sommaire de 300 Sociétés savantes départementales rangées d'après l'ordre alphabétique des villes où leur siège était fixé. Nous avons adopté un plan tout différent en prenant pour base la classification des Sociétés par département, parce qu'elle offre des avantages incontestables pour la facilité des recherches. Afin de rendre notre travail aussi complet que possible, nous y avons compris toutes les Sociétés dont le siège est à Paris. On y trouvera également l'énumération des Sociétés savantes provinciales fondées dans ces dernières années, ainsi que la liste des volumes publiés par toutes les Sociétés depuis leur origine jusqu'à la fin de l'année 1886, mais nous n'avons pas fait entrer dans le cadre de ce recueil les nombreuses Sociétés d'agriculture ou d'horticulture de la France. Le maniement journalier des collections de la bibliothèque du Comité des travaux historiques nous a permis de vérifier et de compléter les indications transmises à ce sujet par les présidents des Sociétés, en réponse à la circulaire qui leur avait été envoyée, le 21 décembre 1886, par M. le directeur du secrétariat.

Le nombre des associations historiques, archéologiques et scientifiques fondées en France et dont nous avons dressé le catalogue s'élève à 655. Il faut y ajouter les 12 Sociétés savantes de l'Algérie et des colonies. Les travaux de ces 667 Sociétés sont réunis, tantôt dans des *Mémoires* ou des *Bulletins*, tantôt dans des ouvrages imprimés à part. L'ensemble de ces publications forme un total d'environ 15,000 volumes dont la collection s'accroît chaque année de 500 livres nouveaux en moyenne. Si l'on veut se rendre compte de la répartition des Sociétés savantes sur le sol de France, on constate que la ville de Paris n'en renferme pas moins de 142. Le département de la Seine-Inférieure en possède 28, le Rhône 26, le Nord 24, la Gironde 22, le Calvados 20, les Bouches-du-Rhône 16, l'Aisne 15, la Haute-Garonne, l'Hérault et la Charente-Inférieure 12, le Pas-de-Calais et Seine-et-Oise 11. Les départements de Maine-et-Loire et de Meurthe-et-Moselle ont chacun 10 Sociétés, et tous les autres en renferment un nombre inférieur à ce dernier chiffre. Les Ardennes, la Corse, le Gers, les Landes, la Lozère et les Deux-Sèvres n'en possèdent qu'une seule : aucune Société savante n'a fixé son siège dans le département de l'Indre. La plupart de toutes ces associations ont été fondées entre 1830 et 1880, mais quelques-unes remontent à une époque antérieure à la Révolution. Parmi ces dernières, nous citerons l'Académie française fondée en 1635, l'Académie de Caen fondée en 1652, l'Académie de Bordeaux fondée en 1662, l'Académie des sciences fondée en 1666, l'Académie de Nîmes fondée en 1682, l'Académie des jeux floraux fondée en 1694. On doit mentionner ensuite l'Académie de Montpellier fondée en 1706, l'Académie de Dijon fondée en 1725, l'Académie de la Rochelle fondée en 1732, l'Académie d'Arras fondée en 1737, l'Académie de Rouen fondée en 1744, les Académies d'Amiens et de Toulouse fondées en 1746, l'Académie de Stanislas à Nancy fondée en 1750 et l'Académie delphinale fondée en 1772.

Cette bibliographie forme en partie le sommaire du grand ouvrage entrepris par le Ministère de l'Instruction publique pour faire connaître le titre de tous les travaux historiques et archéologiques publiés par les Sociétés savantes de la France. Le premier volume de ce travail, auquel nous avons collaboré sous la direction de M. de Lasteyrie, sera prochainement terminé, mais il ne renferme que les départements compris par ordre alphabétique entre l'Ain et l'Hérault. En attendant la fin de cette publication, on trouvera dans ce petit recueil des renseignements suffisamment précis sur les Sociétés savantes des autres départements. Il n'a pas dépendu de nous que notre travail ne fût exempt de toute imperfection. Les inexactitudes qui ont pu s'y glisser proviennent, soit des lacunes que présentent les collections des Sociétés savantes dans les bibliothèques de Paris, soit du peu d'empressement témoigné par certaines Sociétés pour répondre à la circulaire qui leur a été adressée.

Eugène LEFÈVRE-PONTALIS.

BIBLIOGRAPHIE

DES

SOCIÉTÉS SAVANTES DE LA FRANCE.

1886.

AIN.

BOURG. — *Société d'émulation, agriculture, sciences, lettres et arts du département de l'Ain, fondée en 1755, rétablie en 1783 et *reconnue comme établissement d'utilité publique* le 15 octobre 1829.

Comptes rendus et procès-verbaux, comprenant les travaux des séances depuis 1783 jusqu'en 1822. Cette série forme 13 brochures in-8°.

Journal, formant chaque année 1 volume in-8°, depuis 1817 jusqu'en 1868.

Annales, t. I, 1868; t. XIX, 1886, in-8°.

Histoire de la Bresse et du Bugey, par M. Jarrin, t. III. (Bourg, 1886, in-8°.) — Les 2 premiers volumes ont été publiés sans le concours de la Société.

— Société de géographie de l'Ain, fondée en 1882.

Bulletin, t. I, 1882; t. V, 1886, in-8°.

Géographie de l'Ain. (Bourg, 1883-1886, in-8°.)

— Société littéraire, historique et archéologique du département de l'Ain, fondée en janvier 1872 et autorisée le 1er février suivant.

Revue, t. I, 1872; t. XV, 1886, in-8°.

NANTUA. — Société d'émulation de l'arrondissement de Nantua, fondée en 1819.

Comptes rendus, t. I, 1837-1845; t. V, 1854, in-8°.

TRÉVOUX. — Société d'agriculture, sciences et arts de l'arrondissement de Trévoux, fondée en 1820.

Bulletin, t. I, 1829; t. XX, 1849, in-8°.

IMPRIMERIE NATIONALE.

AISNE.

CHÂTEAU-THIERRY. — **Société historique et archéologique de Château-Thierry,** fondée le 9 septembre 1864 et autorisée le 17 mars 1868.

Annales, t. I, 1864; t. XIX, 1884, in-8°.

CHAUNY. — **Société académique de Chauny,** fondée en juillet 1884 et autorisée le 30 août suivant.

Bulletin, t. I, 1885-1886, in-8°.

— **Société littéraire et scientifique de Chauny,** fondée en 1860.

Bulletin, t. I, 1860; t. II, 1861, in-8°.

LAON. — **Société académique de Laon,** fondée le 30 décembre 1850 et autorisée le 17 mars 1851.

Bulletin, t. I, 1852; t. XXVI, 1883-1884, in-8°.

Une table des 23 premiers volumes du *Bulletin* a été publiée par M. Cortilliot en 1882.

Mémoires sur la Ligue dans le Laonnais, par M. Antoine Richard. (Laon, 1869, in-8°.)

Élections aux États généraux de 1789 dans le bailliage du Vermandois, par M. Édouard Fleury. (Laon, 1872, in-8°.)

Cinquante ans de l'histoire du chapitre de Notre-Dame de Laon, par M. Édouard Fleury. (Laon, 1875, in-8°.)

La Société académique de Laon; son histoire, par M. A. Cortilliot. (Laon, 1882, in-8°.)

Exposition de peintures, gravures, médailles et faïences. Catalogue, par M. Édouard Fleury. (Laon, 1883, in-4°.)

— **Société archéologique de l'Aisne,** fondée en 1843.

Bulletin, t. I, 1843-1845, in-8°.

— **Société de géographie de Laon,** fondée en 1882.

Cette Société publie ses travaux dans le *Bulletin de l'Union géographique du nord de la France,* dont le siège est à Douai.

— **Société de pharmacie de l'Aisne.**

Bulletin annuel, in-8°.

SAINT-QUENTIN. — *Société académique des sciences, arts, belles-lettres, agriculture et industrie de Saint-Quentin, fondée en 1825, autorisée le 13 avril 1827 et reconnue comme établissement d'utilité publique le 15 août 1831.

Comptes rendus des séances publiques, t. I, 1826; t. IV, 1830, in-8°.

Mémoires, 1re série, t. I, 1831-1833; t. IV, 1840-1842, in-8°. — 2e série, t. I, 1843; t. XI, 1853-1854, in-8°. — 3e série, t. I, 1855-1857; t. XIV, 1875-1876, in-8°. — 4e série, t. I, 1876-1878; t. VI, 1883-1884, in-8°.

Dissertations sur Samarobriva, par M. Mangon de la Lande. (Saint-Quentin, 1825-1829, 4 broch. in-8°.)

Le livre rouge de l'hôtel de ville de Saint-Quentin, par MM. Henri Bouchot et Emmanuel Lemaire. (Saint-Quentin, 1882, in-4°.)

Archives anciennes de la ville de Saint-Quentin, publiées par M. Emmanuel Lemaire, t. I. (Sous presse.)

— Société des architectes de l'Aisne, fondée en 1882.

— Société de géographie de Saint-Quentin, fondée en 1880.

Cette Société publie ses travaux dans le Bulletin de l'Union géographique du nord de la France, dont le siège est à Douai.

— *Société industrielle de Saint-Quentin et de l'Aisne, fondée en 1868 et reconnue comme établissement d'utilité publique le 23 novembre 1876.

Bulletin, t. I, 1869; t. XXXIII, 1886, in-8°.

SOISSONS. — Comité archéologique de Soissons, fondé en 1845.

Mémoires, t. I, 1848, in-4°.

— Société archéologique, historique et scientifique de Soissons, fondée en 1846 et autorisée le 23 janvier 1847.

Bulletin, 1re série, t. I, 1847; t. XX, 1866, in-8°. — 2e série, t. I, 1867; t. XV, 1884, in-8°.

Rituale seu mandatum insignis ecclesiæ Suessionensis tempore episcopi Nivelonis exaratum, publié par M. l'abbé Poquet. (Soissons, 1856, in-4°.)

Mémoire pour servir d'éclaircissement à la carte des Suessiones, par M. Stanislas Prioux. (Paris, 1861, in-4°.)

Journal de dom Lépaulart, religieux de Saint-Crépin-le-Grand, sur la prise de Soissons par les Huguenots. (Soissons, 1862, in-8°.)

Les sièges de Soissons en 1814, par M. Laurendeau. (Soissons, 1868, in-8°.)

Les cahiers du clergé et du tiers état du bailliage de Soissons, par M. Perin. (Soissons, 1868, in-8°.)

Cartulaire de l'abbaye de Saint-Léger de Soissons, publié par M. l'abbé Pécheur. (Soissons, 1870, in-4°.)

1.

Soissons. (*Suite.*)

Mémoire sur la cité des Suessiones, par M. l'abbé Pécheur. (Soissons, 1877, in-8°.)

Histoire des bibliothèques publiques du département de l'Aisne existant à Soissons, Laon et Saint-Quentin, par M. l'abbé Pécheur. (Soissons, 1881, in 8°.)

— **Société des sciences, arts et belles-lettres de Soissons**, fondée en 1806.

Mémoires, t. I, 1807; t. II, 1808, in-8°.

Vervins. — **Société archéologique de Vervins**, fondée le 24 novembre 1872 et autorisée le 17 janvier 1873.

La Thiérache, t. I, 1873; t. X, 1886, in-4°.

Analyse du cartulaire de l'abbaye de Foigny, par M. Édouard de Barthélemy. (Vervins, 1879, in-4°.)

Cartulaire de l'abbaye de Saint-Michel en Thiérache, par M. Amédée Piette. (Vervins, 1883, in-4°.)

ALLIER.

Gannat. — **Société des sciences médicales de Gannat**, fondée et autorisée en 1845.

Rapports, t. I, 1847; t. XL, 1886, in-8°.

Moulins. — **Société d'émulation du département de l'Allier**, fondée en 1845 et autorisée le 30 janvier 1846.

Bulletin, t. I, 1850; t. XVII, 1883-1886, in-8°.

F. Péron, naturaliste, voyageur aux terres australes; sa vie, appréciation de ses travaux, par M. Maurice Girard. (Moulins, 1857, in-8°.)

Fragments du cartulaire de la Chapelle-Aude, publiés par M. A. Chazaud. (Moulins, 1860, in-8°.)

Étude sur la chronologie des sires de Bourbon (x*-xiii* s.), par M. A. Chazaud. (Moulins, 1865, in-8°.)

Leçons sur les lois et les effets du mouvement, par M. Reynard. (Moulins, 1866, in-8°.)

Flore du département de l'Allier, par M. A. Migout. (Moulins, 1866, in-8°.)

Catalogue du musée départemental de Moulins. (Moulins, 1885, in-8°.)

ALPES (BASSES-).

Digne. — **Société scientifique et littéraire des Basses-Alpes**, fondée le 29 juin 1878 et autorisée le 18 octobre 1880.

Annales, t. I, 1881-1883; t. II, 1884-1886, in-8°.

FORCALQUIER. — **Athénée de Forcalquier**, fondé le 14 mars 1866 et autorisé le 10 avril de la même année.

Séances publiques, n° 1, 1876; n° 12, 1886, in-8°.

· *Histoire de Saint-Étienne-les-Orgues*, par M. Louis Pelloux. (Sous presse.)

ALPES (HAUTES-).

EMBRUN. — **Académie flosalpine**, fondée le 6 décembre 1857.

Comptes rendus des séances, n° 1, 1858; n° 5, 1863, in-8°.

GAP. — **Comité départemental de l'inventaire des richesses d'art des Hautes-Alpes**, institué le 4 avril 1878.

— **Société d'émulation des Hautes-Alpes**, fondée en 1802.

Journal, t. I, 1805; t. X, 1813-1814, in-8°.

Mélanges littéraires. (Gap, 1807, in-8°.)

— **Société d'études historiques, scientifiques, artistiques et littéraires des Hautes-Alpes**, fondée le 10 juillet 1881 et autorisée le 13 du même mois.

Bulletin, t. I, 1882; t. V, 1886, in-8°.

Le mystère de Saint-Eustache, publié par M. l'abbé Guillaume. (Gap, 1883, in-8°.)

Le registre du bailliage de Gap, de 1554 à 1592, publié par M. l'abbé Guillaume (Gap, 1884, in-8°.)

Le mystère de Sant Anthoni de Viennès, publié par M. l'abbé Guillaume. (Gap 1884, in-8°.)

Bibliographie historique des Hautes-Alpes, par M. C. Amat. (Gap, 1885, in-8°.)

Catalogue des plantes les plus intéressantes croissant dans la partie supérieure des Hautes-Alpes, par M. Lannes. (Gap, 1885, in-8°.)

Le mystère de Saint-Pierre et Saint-Paul, publié par M. l'abbé Guillaume. (Gap, 1886, in-8°.)

Inventaire des archives de Largentière rédigé en 1481, publié par M. l'abbé Guillaume. (Gap, 1886, in-8°.)

Cartulaire de Notre-Dame de Bertaud, monastère de femmes de l'ordre des Chartreux, diocèse de Gap, publié par M. l'abbé Guillaume. (Gap, 1886, in-8°.)

Recueil des chartes de Durbon, de l'ordre des Chartreux, publié par M. l'abbé Guillaume. (Sous presse.)

ALPES-MARITIMES.

CANNES. — Société des sciences naturelles, des lettres et des beaux-arts de Cannes et de l'arrondissement de Grasse, fondée en 1868.

Mémoires, t. I, 1869; t. VIII, 1878-1879, in-8°.

NICE. — Société des architectes et des ingénieurs des Alpes-Maritimes, fondée en 1875 et autorisée le 2 août de la même année.

Bulletin, n° 1, 1876; n° 4, 1885, in-8°.
Compte rendu du congrès régional tenu à Nice en 1884. (Nice, 1884, in-8°.)
Compte rendu du congrès régional tenu à Hyères en 1886. (Nice, 1886, in-8°.)
Tarif des honoraires de l'architecte, in-8°.

— Société des beaux-arts de Nice, fondée en 1876.

— *Société des lettres, sciences et arts des Alpes-Maritimes, fondée le 22 octobre 1861, autorisée le 27 novembre 1862 et reconnue comme établissement d'utilité publique le 25 août 1879.

Annales, t. I, 1865; t. X, 1885, in-8°.
Annuaire des Alpes-Maritimes, t. I, 1869; t. III, 1872, in-8°.
Cartulaire de l'abbaye de Lérins, par MM. H. Moris et E. Blanc. (Saint-Honorat, 1883, in-4°.)
Système rationnel d'orthographe niçoise, par M. A.-L. Sardou. (Nice, 1885, in-8°.)

— Société niçoise des sciences naturelles, historiques et géographiques, fondée le 3 mars 1877 et autorisée le 5 octobre de la même année.

Bulletin, 1re série, t. I, 1878-1879; t. III, 1881-1883, in-8°. — 2° série, t. I, 1885; t. II, 1886, in-8°.
Histoire de la Révolution française dans les Alpes-Maritimes, par M. E. Tisserand. (Nice, 1878, in-8°.)
Langue internationale néo-latine, par M. Élie Courtonne. (Nice, 1884, in-8°.)
Le Triomphe de la Mort, tableau de l'église du Bar, par M. le Dr Prompt. (Nice, 1884, in-8°.)
Cartulaire de l'abbaye de Lérins, par M. H. de Flamare. (Nice, 1884, in-8°.)
Les voies romaines dans les Alpes-Maritimes et le Var, par M. Pierrugues. (Nice, 1885, in-8°.)
Histoire d'un village des Alpes pendant la Révolution française, d'après les archives de la Bollène, par M. le Dr Prompt. (Nice, 1885, in-8°.)
Les Français et les Espagnols à Nice, au xviii° siècle, par M. Caillé. (Nice, 1886, in-8°.)

Nice. (Suite.)

Les monnaies de Charles d'Anjou, par M. le comte de Mutrécy. (Nice, 1886, in-8°.)

Histoire de l'hôtel des monnaies à Nice, par M. le comte Caïs de Pierlas. (Nice, 1886, in-8°.)

— Société de médecine et de climatologie de Nice, fondée en 1876.

ARDÈCHE.

LES VANS. — Société historique et archéologique du canton des Vans, fondée le 21 février 1875.

PRIVAS. — Société d'agriculture, industrie, sciences, arts et lettres de l'Ardèche, fondée le 22 décembre 1879 par la réunion de la Société des sciences naturelles et historiques et de la Société d'agriculture.

Bulletin, n° 1, 1880; n° 3, 1884, in-8°.

— Société des sciences naturelles et historiques du département de l'Ardèche, fondée en 1861 à Privas.

Bulletin, t. I, 1861-1862; t. XI, 1877, in-8°.

ARDENNES.

MÉZIÈRES. — Société de géographie des Ardennes, fondée en 1882.

Cette Société publie ses travaux dans le Bulletin de l'Union géographique du nord de la France, dont le siège est à Douai.

ARIÈGE.

FOIX. — Société d'agriculture et des arts de l'Ariège, fondée le 13 février 1817.

Annales, t. I, 1817; t. XV, 1854, in-8°.

— Société ariégeoise des sciences, lettres et arts, fondée le 21 avril 1882 et autorisée le 25 mai de la même année.

Bulletin, t. I, 1882-1885; t. II, 1886-1887, in-8°.

AUBE.

TROYES. — *Société académique d'agriculture, des sciences, arts et belles-lettres du département de l'Aube, fondée le 19 juin 1798, autorisée en 1805 et reconnue comme établissement d'utilité publique le 15 février 1853.

Journal, n° 1, 1799; n° 67, 1800, in-8°.

Mémoires, t. I, 1801; t. III, 1807, in-8°. — 1ʳᵉ série, t. I, 1822; t. XIII, 1846, in-8°. — 2ᵉ série, t. I, 1847; t. XIV, 1863, in-8°. — 3ᵉ série, t. I, 1864; t. XXIII, 1886, in-8°.

Des tables générales ont été imprimées à part pour les 1ʳᵉ, 2ᵉ et 3ᵉ séries.

Annuaire de l'Aube, t. I, 1835; t. LI, 1886, in-8°.

Collection de documents inédits relatifs à la ville de Troyes et à la Champagne méridionale. (Troyes, 1878-1886, 3 vol. in-8°.)

Catalogue des collections du musée de Troyes. (Troyes, 1856-1886, 5 broch. in-8°.)

— Société des architectes de l'Aube, fondée en 1866 et autorisée le 13 juillet de la même année.

Bulletin, n° 1, 1866-1874; n° 3, 1878-1886, in-8°.

Notice sur la découverte et la restauration d'une mosaïque de l'époque gallo-romaine trouvée à Paizy-Cosdon (Aube), en 1876, par M. Fléchey, in-8°.

Notice sur la découverte de deux mosaïques gallo-romaines trouvées à Troyes en 1878, par M. Fléchey, in-8°.

Prix élémentaires et études sur les matériaux de construction à Troyes et dans le département de l'Aube accompagnés de renseignements pratiques à l'usage des constructeurs, par M. Fontaine. (Troyes, 1879-1883, in-8°.)

Études sur les coutumes de la région, in-8°.

AUDE.

CARCASSONNE. — *Société des arts et sciences de Carcassonne*, fondée en 1836 sous le titre de *Commission des arts et sciences*, autorisée le 18 mars de la même année et *reconnue comme établissement d'utilité publique le 9 mai 1851.

Mémoires, t. I, 1849; t. IV, 1879, in-8°.

NARBONNE. — Commission archéologique et littéraire de l'arrondissement de Narbonne, fondée le 20 octobre 1833 et autorisée le 14 novembre suivant.

Bulletin, t. I, 1877, in-8°.

AVEYRON.

Rodez. — *Société des lettres, sciences et arts de l'Aveyron, fondée le 3 décembre 1836, autorisée le 8 décembre de la même année et reconnue comme établissement d'utilité publique le 29 août 1857.

Mémoires, t. I, 1838; t. XIII, 1881-1886, in-8°.

Procès-verbaux, t. I et t. I bis, 1864; t. XIII, 1880-1884, in-8°.

Une table générale des publications de la Société, de 1838 à 1876, a paru en 1877.

Documents historiques et généalogiques sur les familles et les hommes remarquables du Rouergue, dans les temps anciens et modernes, par M. H. de Barrau. (Rodez, 1853-1860, 4 vol. in-8°.)

Documents sur les ordres du Temple et de Saint-Jean de Jérusalem, en Rouergue, suivis d'une notice historique sur la Légion d'honneur et du tableau raisonné de ses membres dans le même pays, par M. H. de Barrau. (Rodez, 1861, in-8°.)

Biographies aveyronnaises, t. I, 1866, in-8°.

Notice sur la Roche-Flavin, par M. J. Delsol. (Rodez, 1866, in-8°.)

Concours de 1867. Distribution des récompenses, travaux couronnés. (Rodez, 1868, in-8°.)

Guide au musée de la Société. (Rodez, 1873-1884, in-8°.)

Plant fait le 27ᵉ avril 1514 de la veue et figure de l'enceinte et circuit du lieu destiné pour le batiment de la Chartreuse de Rodez. (Rodez, 1877.)

Dictionnaire patois-français du département de l'Aveyron, par M. l'abbé Vayssier. (Rodez, 1879, in-8°.)

Essai de la flore du sud-ouest de la France, ou recherches botaniques faites dans cette région, par M. l'abbé Joseph Revel, t. I. (Villefranche, 1885, in-8°.)

Comté et comtes de Rodez, par M. Antoine Bonal. (Rodez, 1885, in-8°.)

— Société des pharmaciens de l'Aveyron, fondée en 1862.

Procès-verbaux annuels, in-8°.

BOUCHES-DU-RHÔNE.

Aix. — *Académie des sciences, agriculture, arts et belles-lettres d'Aix, fondée en 1808 sous le titre de Société des amis des sciences, des lettres, de l'agriculture et des arts, autorisée le 3 août 1808 et reconnue comme établissement d'utilité publique le 5 avril 1829.

Mémoires, t. I, 1819; t. XIII, 1885, in-8°.

2

Aix. (*Suite.*)

Séances publiques. Cette collection forme 66 brochures in-8°, contenant chacune le procès-verbal d'une séance publique avec texte des principales lectures faites de 1809 à 1886, in-8°.

Extraits des procès-verbaux des séances. Cette série ne comprend que 3 fascicules in-8°, publiés en 1828-1829.

Notices et rapports formant 7 brochures in-8°, publiées de 1829 à 1858.

Dictionnaire topographique de l'arrondissement d'Arles, par MM. Revel du Perron et Gauçourt. (Amiens, 1871, in-4°.)

Règlement des prix de vertu Rambot et Reynier. (Marseille, 1871, in-8°.)

— **Commission d'archéologie d'Aix**, fondée en 1840.

Rapport, n° 1, 1841; n° 3, 1844, in-8°.

— **Société historique de Provence**, fondée en 1863 et autorisée le 18 février 1864.

Mémoires pour servir à l'histoire de la Ligue et de la Fronde en Provence. (Aix, 1866-1870, 2 vol. in-8°.)

Arles. — **Commission archéologique d'Arles**, fondée le 24 juin 1832 et approuvée le 8 février 1833.

Marseille. — *Académie des sciences, lettres et arts de Marseille*, fondée en 1726 et reconnue comme établissement d'utilité publique au mois d'août de la même année; devenue, en 1766, *Société des sciences et des arts;* supprimée en 1793, réorganisée en 1799 sous le titre de *Lycée des sciences et des arts;* elle reprit son ancien titre en 1802.

Recueils, 1re série, n° 1, 1727; n° 31, 1767, in-12. — 2e série, n° 1, 1768; n° 14, 1786, in-8°.

Journal des sciences et des arts du département des Bouches-du-Rhône, t. I, 1801; t. III, 1805, in-8°.

Notices des travaux de l'Académie de Marseille, de 1810 à 1817, 7 broch. in-8°.

Procès-verbaux des séances publiques, de 1803 et de 1846, 2 broch. in-8°.

Mémoires, 1re série, t. I, 1803; t. XII, 1814, in-8°. — 2e série, t. I, 1846; t. XV, 1884-1885, in-8°.

Histoire de l'Académie de Marseille, par M. J. Lautard. (Marseille, 1826-1843, 3 vol. in-8°.)

L'Académie de Marseille, ses origines, ses publications, ses archives, ses membres, par M. l'abbé Dassy. (Marseille, 1877, in-8°.)
  Ce volume contient une table générale des publications de l'Académie, depuis l'origine jusqu'en 1877.

Inventaire des objets d'art qui décorent les salles de l'Académie de Marseille, par M. l'abbé Dassy. (Marseille, 1882, in-8°.)

Marseille. (*Suite.*)

— *Comité médical des Bouches-du-Rhône, fondé le 20 juillet 1843, autorisé le 18 mars 1845 et *reconnu comme établissement d'utilité publique* le 31 mars 1859.

Actes, t. I, 1851-1853; t. XXIV, 1886, in-8°.

— Société des amis des arts de Marseille, fondée le 3 septembre 1867.

Clichois, par M. G. Bénédit. (Marseille, 1876, in-8°.)

Rapports annuels, in-8°.

— Société artistique des Bouches-du-Rhône, fondée en 1851.

Tribune artistique et littéraire du Midi, 1re année, 1857; 7e année, 1863, in-8°.

— Société d'émulation de la Provence, fondée en 1861.

Mémoires, t. I, 1861; t. III, 1863, in-8°.

— Société d'études des sciences naturelles de Marseille, fondée en 1876.

Bulletin, t. I, 1878, in-8°.

— Société de géographie de Marseille, fondée en 1876.

Bulletin, t. I, 1877; t. X, 1886, in-8°.

— * Société nationale de médecine de Marseille, fondée le 7 juillet 1800 et *reconnue comme établissement d'utilité publique* le 18 janvier 1818.

Recueil, t. I, 1826; t. V, 1830, in-8°.

Séances publiques annuelles, de 1809 à 1823, in-8°.

Procès-verbaux, de 1839 à 1853, in-8°.

Bulletin, t. I, 1840; t. XII, 1868, in-8°.

Marseille médical, revue mensuelle, t. I, 1863; t. XXIII, 1886, in-8°.

— Société médico-chirurgicale des hôpitaux de Marseille, fondée en 1872 et autorisée le 28 juin 1874.

Comptes rendus et documents statistiques dans le *Marseille médical.*

— Société des pharmaciens des Bouches-du-Rhône, fondée le 14 août 1865.

Bulletin annuel, in-8°, dont la publication a été interrompue en 1884.

— Société scientifique industrielle de Marseille, fondée en 1871 et autorisée le 15 novembre de la même année.

Bulletin, t. I, 1872-1873; t. XIV, 1886, in-8°.

Une table des 10 premiers volumes du *Bulletin* a été publiée dans le *Bulletin* de 1882, p. 258.

2.

MARSEILLE. (*Suite.*)

Note sur l'aménagement des ports de commerce, par **M. L.** Barret. (Marseille, 1875, in-8°.)

Série de prix appliquée aux travaux de construction à Marseille, in-8°.

—* **Société de statistique de Marseille,** fondée en 1827, autorisée le 2 avril 1831 et *reconnue comme établissement d'utilité publique* le 22 mars 1832.

Annales des sciences et de l'industrie du midi de la France, t. I, 1832 ; t. III, 1832, in-8°.

Répertoire des travaux, 1re série, t. I, 1837 ; t. V, 1841, in-8°. — 2e série, t. VI, 1842 ; t. X, 1846, in-8°. — 3e série, t. XI, 1847 ; t. XV, 1852, in-8°. — 4e série, t. XVI, 1853 ; t. XX, 1857, in-8°. — 5e série, t. XXI, 1858 ; t. XXV, 1862, in-8°. — 6e série, t. XXVI, 1863 ; t. XXX, 1868, in-8°. — 7e série, t. XXXI, 1870 ; t. XXXV, 1872, in-8°. — 8e série, t. XXXVI, 1873-1877 ; t. XL, 1884, in-8°. — 9e série, t. XLI, 1885 ; t. XLII, 1886, in-8°.

Le tome V, p. 530, contient la table des matières des cinq premières années ; le tome X, p. 518, contient la table des matières de la seconde période quinquennale ; le tome XV, p. 538, contient la table des matières de la troisième période quinquennale ; le tome XX, p. 553, contient la table des matières de la quatrième période quinquennale ; le tome XXV, p. 565, contient la table des matières de la cinquième période quinquennale ; le tome XXX, p. 439, contient une table intitulée : *Mémoires sur la statistique des Bouches-du-Rhône contenus dans les tomes I à XXX.*

Comptes rendus et procès-verbaux des séances, t. I, 1828 ; t. XXVI, 1885, in-8°.

Dictionnaire topographique de l'arrondissement de Marseille, par **M. J.** Mortreuil. (Marseille, 1872, in-8°.)

CALVADOS.

BAYEUX. — **Société d'agriculture, sciences, arts et belles-lettres de Bayeux,** fondée le 22 août 1841 et autorisée le 22 octobre suivant.

Mémoires, t. I, 1842 ; t. X, 1887, in-8°.

Les tomes V et VI portent le titre de *Bulletins.*

CAEN. — * **Académie nationale des sciences, arts et belles-lettres de Caen,** fondée en 1652, autorisée le 2 janvier 1705 ; supprimée pendant la Révolution, elle fut rétablie le 12 décembre 1800 sous la dénomination de *Lycée de Caen.* Le 28 mai 1802, elle reprit son titre actuel et fut *reconnue comme établissement d'utilité publique* le 10 août 1853.

Mémoires, 1re série, t. I, 1754 ; t. V, 1760, in-8°. — 2e série, t. I, 1825 ; t. XLI, 1886, in-8°.

Une table des *Mémoires* de l'Académie de Caen, de 1754 à 1883, a été publiée par **M.** Armand Gasté en 1884, in-8°.

CAEN. (*Suite.*)

Exposé sommaire des travaux de l'Académie des sciences, arts et belles-lettres de la ville de Caen, par M. P. Delarivière. (Caen, 1805, in-8°.)

Rapport sur les travaux de l'Académie des sciences, arts et belles-lettres de la ville de Caen jusqu'au 1ᵉʳ janvier 1811, par M. P. Delarivière. (Caen, 1811, in-8°.)

Rapport sur les travaux de l'Académie des sciences, arts et belles-lettres de Caen pour les années 1811, 1812, 1813, 1814 et 1815, par M. P. Delarivière. (Caen, s. d., in-8°.)

Séances publiques, de 1811 à 1821, formant 7 brochures in-8°.

Discours de Mᵍʳ de Luynes, évêque de Bayeux, et liste des académiciens. (Caen, 1705, in-4°.)

Discours prononcé à l'Académie de Caen par M. le chevalier de Saint-Jory, le jour de sa réception, le 18 janvier 1731. (Caen, 1731, in-4°.)

Recueil de différentes pièces, tant en vers qu'en prose, lues à l'Académie des belles-lettres de Caen avec les discours de Mᵍʳ l'évêque de Bayeux et la réponse du directeur. (Caen, 1731, in-8°.)

Séance publique pour la rentrée de l'Académie royale des belles-lettres de Caen, le deuxième décembre 1762. (Caen, 1763, in-8°.)

Oraison funèbre de M. Paul d'Albert de Luynes, archevêque de Sens, prononcée dans l'église de l'abbaye royale de Saint-Étienne le 9 juillet 1788, par M. l'abbé Bellenger. (Caen, s. d., in-4°.)

Dissertation sur les mesures et les poids, par M. Didiet. (Caen, 1790, in-4°.)

Dissertation sur le préjugé qui attribue aux Égyptiens l'honneur de la découverte des sciences et des arts, par M. Cailly. (Caen, 1801, in-8°.)

Notice historique sur M. Dugua, par M. P. Delarivière. (Caen, 1802, in-8°.)

Mémoire sur l'instruction des sourds-muets, par M. l'abbé Jamet. (Caen, 1820, in-8°.)

Analyse d'un mémoire sur la digue de Cherbourg, par M. Pattu. (Caen, 1821, in-4°.)

Second mémoire sur l'instruction des sourds-muets, ou nouveau système de signes, par M. l'abbé Jamet. (Caen, 1822, in-8°.)

Mémoire sur les vestiges des thermes de Bayeux, découverts en 1760, et recherchés en 1821, par ordre de M. le comte de Montlivault, préfet du département du Calvados, par M. Surville. (Caen, 1822, in-4°.)

Extrait d'un mémoire sur les terrains du département du Calvados, par M. Hérault. (Caen, 1823, in-8°.)

Documents inédits pour servir à l'histoire de l'ancienne Académie royale des belles-lettres de Caen, par M. A. de Formigny de la Londe. (Caen, 1854, in-8°.)

Histoire du parlement de Normandie, depuis sa translation à Caen, au mois de juin 1589, jusqu'à son retour à Rouen en avril 1594, par M. Jules Lair. (Caen, 1861, in-8°.)

— 14 —

CAEN. (Suite.)

Rapport sur le concours pour le prix Le Sauvage, par M. Roullaud. (Caen, 1862, in-8°.)

Fête académique du 12 décembre 1876: Discours de MM. de Beaurepaire et J. Travers. (Caen, 1876, in-8°.)

— Association normande pour les progrès de l'agriculture, de l'industrie et des arts, fondée en 1831 et autorisée le 2 février 1837.

Annuaire, t. I, 1835; t. LII, 1886, in-8°.

Une table des 25 premiers volumes de l'Annuaire a paru en 1863.

— Association scientifique et littéraire de Caen, fondée en 1886.

— Institut des provinces, fondé en 1845.

Annuaire, 1re série, t. I, 1846; t. X, 1858, in-12. — 2e série, t. I, 1859; t. XII, 1870, in-8°.

Congrès scientifiques de France, 1re session, 1833; 44e session, 1878, in-8°.

Un grand nombre de sessions comprennent plusieurs tomes. La collection complète se compose de 74 volumes. Le compte rendu de la 43e session n'a jamais été publié.

Assises scientifiques tenues à Aix, Apt, Guéret, Limoges et Moulins, en 1853, 1862, 1866 et 1867, 5 vol. in-8° et in-4°.

— *Société d'agriculture et de commerce de Caen, fondée en 1762, réorganisée en 1801 et reconnue comme établissement d'utilité publique le 18 juillet 1854.

Mémoires, t. I, 1827; t. VII, 1858, in-8°.

Bulletin, t. I, 1827; t. XXVIII, 1886, in-8°.

Rapports sur les concours et les prix proposés par la Société de 1803 à 1842, in-8°.

Extraits des séances de la Société, comptes rendus, in-8°.

Annuaire. (Caen, 1812, in-8°.)

Rapports sur des questions agricoles et commerciales, in-8°.

Notices biographiques sur les membres de la Société, in-8°.

Notice sur M. Thierry, par M. Lamouroux. (Caen, 1824, in-8°.)

Catalogue de la bibliothèque de la Société. (Caen, 1834, in-8°.)

— *Société des antiquaires de Normandie, fondée en septembre 1823, autorisée le 24 janvier 1824 et reconnue comme établissement d'utilité publique le 14 février 1855.

Mémoires, 1re série, t. I, 1825; t. X, 1837, in-8°, avec 8 atlas. — 2e série, t. I, 1840; t. X, 1853, in-4°. — 3e série, t. I, 1855; t. XI, 1883, in-4°.

Une table des 24 premiers volumes a été publiée par M. Renault en 1863.

CAEN. (*Suite.*)

Bulletin, t. I, 1860; t. XIII, 1883-1885, in-8°. L'année 1875 renferme un tome VII supplémentaire, consacré aux recherches de M. Henri Moisy sur les noms de famille normands.

Une table des 5 premiers volumes du *Bulletin* a été dressée par M. Renault en 1872.

Catalogue et description des objets d'art, d'antiquité, du moyen âge, de la Renaissance, déposés au musée de la Société, par M. Gervais. (Caen, 1864, in-8°.)

— *Société française d'archéologie pour la conservation et la description des monuments historiques, fondée en 1834 et *reconnue comme établissement d'utilité publique* le 14 août 1871.

Congrès archéologiques de France, t. I, 1834; t. LII, 1885, in-8°.

· *Bulletin monumental*, 1ʳᵉ série, t. I, 1835; t. X, 1844, in-8°. — 2ᵉ série, t. XI, 1845; t. XX, 1854, in-8°. — 3ᵉ série, t. XXI, 1855; t. XXX, 1864, in-8°. — 4ᵉ série, t. XXXI, 1865; t. XXXVII, 1872, in-8°. — 5ᵉ série, t. XXXVIII, 1873; t. L, 1884, in-8°. — 6ᵉ série, t. LI, 1885; t. LII, 1886, in-8°.

Il existe 4 volumes de tables pour les quatre premières séries du *Bulletin monumental*.

— Société des beaux-arts de Caen, fondée le 10 mars 1855.

Bulletin, t. I, 1856-1859; t. VII, 1883-1886, in-8°.

— Société française d'entomologie, fondée en 1881 et autorisée le 27 janvier 1882.

Revue d'entomologie, t. I, 1882; t. V, 1886, in-8°.

— *Société linnéenne de Normandie, fondée en mai 1823 sous le nom de *Société linnéenne du Calvados*, autorisée le 9 juin 1827 et *reconnue comme établissement d'utilité publique* le 22 avril 1863.

Mémoires, 1ʳᵉ série, t. I, 1824; t. IV, 1828, in-8°, avec atlas. — 2ᵉ série, t. V, 1829-1833; t. XVI, 1869-1872, in-4°.

Bulletin, 1ʳᵉ série, t. I, 1855; t. X, 1865, in-8°. — 2ᵉ série, t. I, 1866; t. X, 1876, in-8°. — 3ᵉ série, t. I, 1877; t. X, 1886, in-8°.

En dehors de ces publications, la Société a fait paraître les comptes rendus de plusieurs séances publiques tenues à Caen, Bayeux, Valognes, Cherbourg, Vire, Alençon, Falaise, Bernay, Lisieux, Honfleur, le Havre. etc.

— Société de médecine de Caen et du Calvados, fondée le 17 octobre 1798 sous le titre de *Conseil de santé*, appelée, en l'an XI, *Société de médecine de Caen*, jusqu'en 1875, époque à laquelle elle a pris sa dénomination actuelle.

Annales, mémoires et comptes rendus, in-8°.

L'année médicale, t. I, 1876; t. XI, 1886, in-8°.

CAEN. (*Suite.*)

— **Société de pharmacie du Calvados.**
Bulletin annuel, in-8°.

FALAISE. — **Société d'agriculture, d'industrie, des sciences, arts et comice agricole de Falaise**, formée par la réunion de la *Société académique* (fondée le 15 octobre 1837), de la *Société d'agriculture* (fondée le 21 août 1834) et du *Comice agricole* (fondé le 14 septembre 1851).
Annuaire, t. I, 1836; t. X, 1845, in-12.
Mémoires, t. I, 1835; t. XXVIII, 1884, in-8°.

HONFLEUR. — **Société littéraire d'Honfleur**, fondée en février 1829 et autorisée le 19 mars suivant.

LISIEUX. — **Société d'émulation de Lisieux**, fondée en 1836 et autorisée en 1839.
Bulletin, t. I, 1846, in-8°.

— **Société historique de Lisieux**, fondée le 14 août 1869 et autorisée le 22 janvier 1870.
Bulletin, t. I, 1869; t. VI, 1875, in-8°.

— **Société d'horticulture et de botanique du centre de la Normandie**, fondée le 6 septembre 1866 et autorisée le 23 mars 1867.
Bulletin, t. I, 1868-1873; t. IV, 1885-1886, in-8°.

PONT-L'ÉVÊQUE. — **Société d'agriculture, des arts, sciences et belles-lettres de l'arrondissement de Pont-l'Évêque**, fondée le 20 juin 1845 et autorisée le 23 mars 1846.

VIRE. — **Société viroise d'émulation pour le développement des belles-lettres, sciences et arts de l'industrie**, fondée en 1866.
Mémoires, t. I, 1869, in-8°.

CANTAL.

AURILLAC. — **Association cantalienne**, fondée en 1851.
Dictionnaire statistique, ou histoire, description et statistique du département du Cantal, par M. Déribier du Châtelet. (Aurillac, 1852-1857, 5 vol. in-8°.)

— **Société d'horticulture, d'acclimatation, des sciences et des arts du Cantal**, fondée le 5 août 1882 et autorisée le 9 septembre suivant.
Bulletin annuel, in-8°.

— **Société médicale du département du Cantal**, fondée le 15 octobre 1861.
Bulletin, n° 1, 1862; n° 3, 1864, in-8°.

CHARENTE.

ANGOULÊME. — **Société d'agriculture, sciences, arts et commerce de la Charente**, fondée en 1803 et autorisée le 8 juillet 1818.

  Annales, t. I, 1819; t. LXVI, 1886, in-8°.

  Documents, mémoires et mélanges, t. I, 1867, in-8°.

— **Société archéologique et historique de la Charente**, fondée le 22 août 1844 et autorisée le 16 octobre de la même année.

  Bulletin, 1ʳᵉ série, t. I, 1845; t. V, 1851-1852, in 8°. — 2ᵉ série, t. I, 1855-1856; t. II, 1856-1858, in-8°. — 3ᵉ série, t. I, 1859; t. IV, 1862, in-8°. — 4ᵉ série, t. I, 1863; t. XI, 1876, in-8°. — 5ᵉ série, t. I, 1877; t. VII, 1884-1885, in-8°.

  Le tome I de la 5ᵉ série (année 1877) contient une table des *Bulletins* publiés de 1845 à 1877.

  Rerum Engolismensium scriptores, par M. Castaigne. (Angoulème, 1853, in-8°.)

  Trésor des pièces angoumoisines inédites ou rares. (Angoulème, 1863-1867, 2 vol. in-8°.)

  Documents historiques sur l'Angoumois. (Angoulème, 1864, in-8°.)

CHARENTE-INFÉRIEURE.

LA ROCHELLE. — *Académie des belles-lettres, sciences et arts de la Rochelle, fondée en 1732, supprimée en 1791, reconstituée en 1803 sous le nom de Lycée rochelais, et en 1853 sous sa dénomination primitive; elle a été reconnue comme établissement d'utilité publique le 4 septembre 1852.

  Recueil de pièces en vers et en prose, 1747, 1752, 1763, 3 vol. in-8°.

  Séances publiques, in-8°, formant 16 livraisons qui répondent aux années 1870-1886.

  Annales de la section des sciences naturelles, t. I, 1854; t. XXII, 1885-1886, in-8°. — Les années 1873 et 1885-1886 comprennent 2 volumes.

  Rapports de la section de la littérature, t. I, 1855; t. XIII, 1885, in-8°.

  Éloge du maréchal de Senectère, par M. l'abbé P. Gervaud. (La Rochelle, 1855, in-8°.)

  Histoire du siège de la Rochelle en 1573, traduite du latin de Philippe Cauriana, par M. L. Delayant. (La Rochelle, 1856, in-8°.)

  Revue de l'Aunis et de la Saintonge, 3ᵉ année, 1866, in-8°. — Les autres années ont été publiées sans le concours de l'Académie.

  Notices historiques sur les Sociétés des lettres, sciences et arts de la Rochelle. (La Rochelle, 1873, in-8°.)

LA ROCHELLE. (*Suite.*)

— **Société des amis des arts de la Rochelle**, fondée en 1841 et autorisée le 14 mai 1845.

Catalogue des tableaux du musée de la Rochelle. (La Rochelle, 1865-1882, 6 broch. in-8°.)

Rapports, n° 1, 1881; n° 3, 1885, in-8°.

— **Société des sciences naturelles de la Charente-Inférieure**, fondée le 22 novembre 1835, autorisée le 29 avril 1836 et réunie à l'*Académie de la Rochelle* en 1854.

Comptes rendus, t. I, 1850, in-8°.

ROCHEFORT. — **Société d'agriculture, des belles-lettres, sciences et arts de Rochefort**, fondée en 1806.

Travaux, t. I, 1835; t. XXI, 1878, in-8°.

— **Société de géographie de Rochefort**, fondée le 16 novembre 1878 et autorisée le 29 mars 1879.

Bulletin, t. I, 1879-1880; t. VIII, 1886-1887, in-8°.

Annuaire annuel, in-8°.

ROYAN. — **Académie des muses santones**, fondée et autorisée en 1876.

Bulletin, t. I, 1876; t. XI, 1886, in-4°.

Recueil de poésies, t. I, 1876-1878; t. IX, 1886, in-4°.

Les rimes nocturnes, par M. Francis Melvil. (Royan, 1880, in-8°.)

Chants de belluaire, par M. Eugène Godin. (Royan, 1881, in-8°.)

Poèmes d'autrefois, par M. Jules d'Auriac. (Royan, 1882, in-8°.)

L'âme pensive, par M. Charles Fuster. (Royan, 1883, in-8°.)

La nouvelle France, par M. Marcel Coulloy. (Royan, 1884, in-8°.)

La lyre, par M. Jules Carrara. (Royan, 1886, in-8°.)

Les échappées, par M. Henriquet. (Royan, 1886, in-8°.)

— **Société pour favoriser le développement de Royan**, fondée en 1875.

Bulletin semestriel, paraissant depuis 1875, in-8°.

SAINT-JEAN-D'ANGÉLY. — **Société historique et scientifique de Saint-Jean-d'Angély**, fondée en 1863.

Bulletin, t. I, 1863; t. IV, 1866, in-8°.

— **Société linnéenne de la Charente-Inférieure**, fondée en 1874.

Bulletin, t. I, 1877-1879; t. II, 1880-1882, in-8°.

SAINTES. — Commission des arts et monuments historiques de la Charente-Inférieure, fondée en mai 1860 et réunie à la *Société d'archéologie*, fondée en 1839.

Recueil des actes, t. I, 1860-1866; t. VIII, 1885-1886, in-8°.

Monographie de la ville de Saintes, par M. l'abbé Lacurie. (Saint-Jean-d'Angély, 1862, in-8°.)

Journal de l'abbé Legrix, chanoine de Saintes (1781-1791). (Saint-Jean-d'Angély, 1867, in-8°.)

Épigraphie aunisienne et santone, par M. Louis Audiat. (Saintes, 1871, in-8°.)

Notices biographiques sur les évêques de Saintes, par M. l'abbé Grasilier. (Saintes, 1877, in-8°.)

— *Société des archives historiques de la Saintonge et de l'Aunis*, fondée en 1874 et reconnue comme *établissement d'utilité publique* le 21 juin 1886.

Archives historiques de la Saintonge et de l'Aunis, t. I, 1874; t. XIV, 1886, in-8°.

Les tables des pièces publiées dans les 10 premiers volumes ont paru à la fin des tomes V et X.

Bulletin, t. I, 1877-1879; t. VI, 1886, in-8°. — A partir de l'année 1887, ce *Bulletin* a pris le titre de *Revue de Saintonge et d'Aunis*.

— Société des sciences, arts et belles-lettres de Saintes, fondée en 1867.

Annales, t. I, 1868; t. II, 1870, in-8°.

CHER.

BOURGES. — Comité d'histoire et d'archéologie du diocèse de Bourges, fondé en 1867.

Bulletin, t. I, 1867-1875, in-8°.

Répertoire archéologique et historique du diocèse de Bourges. (Bourges, 1872-1875, in-8°.)

— Lycée d'émulation de Bourges, fondé le 1ᵉʳ pluviôse an IX.

Procès-verbal de la première séance publique, in-8°.

Rapports sur les travaux de la Société pendant l'an IX, in-8°.

— Société d'antiquités, d'histoire et de statistique du département du Cher, fondée en 1834.

Bulletin, t. I, 1836, in-8°.

3.

BOURGES. (*Suite.*)

— **Société des antiquaires du Centre**, fondée en janvier 1867 et autorisée le 21 du même mois.

Mémoires, t. I, 1867; t. XIII, 1885, in-8°.

Une table des 10 premiers volumes des *Mémoires* a paru en 1883.

— **Société historique, littéraire, artistique et scientifique du département du Cher**, fondée le 17 septembre 1849 sous le nom de *Commission historique;* appelée en 1856 *Société historique,* elle porte depuis 1866 sa dénomination actuelle.

Bulletin, t. I, 1852-1856, in-8°.

Mémoires, 1ʳᵉ série, t. I, 1857; t. II, 1864, in-8°. — 2ᵉ série, t. I, 1868; t. III, 1876, in-8°. — 3ᵉ série, t. I, 1878; t. II, 1883, in-8°. — 4ᵉ série, t. I, 1884; t. II, 1886, in-8°.

Album des monuments gallo-romains de Bourges. (Bourges, 1857, in-fol.)

CORRÈZE.

BRIVE. — **Société scientifique, historique et archéologique de la Corrèze**, fondée le 9 septembre 1878 et autorisée le 12 décembre de la même année.

Bulletin, t. I, 1878; t. VIII, 1886, in-8°.

Sigillographie du bas Limousin, par MM. Philippe de Bosredon et Ernest Rupin. (Brive, 1886, in-4°.)

TULLE. — **Société historique et littéraire du bas Limousin**, fondée en 1856.

Bulletin, t. I, 1857, in-8°.

— **Société des sciences, lettres et arts de la Corrèze**, fondée le 14 novembre 1878 et autorisée le 16 décembre suivant.

Bulletin, t. I, 1879; t. VIII, 1886, in-8°.

Chartes, chroniques et mémoriaux pour servir à l'histoire de la Marche et du Limousin, publiés par MM. Alfred Leroux et Auguste Bosvieux. (Tulle, 1886, in-8°.)

CORSE.

BASTIA. — **Société des sciences historiques et naturelles de la Corse**, fondée le 12 décembre 1880.

Bulletin, t. I, 1881-1882; t. III, 1885-1886, in-8°.

Histoire des Corses par Ferdinand Gregorovius, traduite de l'allemand par M. Lucciana. (Bastia, 1881-1884, 3 vol. in-8°.)

BASTIA. (*Suite.*)

Dialogo nominato Corsica del reverendissimo Monsignor Agostino Justiniano, vescovo di Nebbio (1531), publié par M. de Caraffa. (Bastia, 1882, in-8°.)

Mémoires de Rostini (1729-1745), publiés par MM. l'abbé Letteron, L. et P. Lucciana. (Bastia, 1882, in-8°.)

Memorie del padre Bonfiglio Guelfucci, publiés par MM. L. et P. Lucciana. (Bastia, 1882, in-8°.)

Lettres de Pascal Paoli, publiées par M. le Dr Perelli. (Bastia, 1881-1886, 2 vol. in-8°.)

Voyage géologique et minéralogique en Corse de M. Émile Gueymard, publié par M. J. Bonavita. (Bastia, 1883, in-8°.)

Petri Cyrnæi clerici. Aleriensis de rebus Corsicis libri quatuor, publiés et traduits par M. l'abbé Letteron. (Bastia, 1884, in-8°.)

Procès des patriotes bastiais (1746). Documents extraits des archives de Gênes. (Bastia, 1885, in-8°.)

Prattica manuale del dottor Pietro Morati di Muro, publiée par M. de Caraffa. (Bastia, 1885, in-8°.)

La Corsica a suoi figli, suivi de *La Corsica a snoi figli sleali* (1760). (Bastia, 1886, in-8°.)

La Corse, Cosme Ier et Philippe II, étude et documents, publiés par M. de Morati. (Bastia, 1886, in-8°.)

L'épiscopat de B. Alexandre Sauli, évêque d'Aléria, lettres et documents, publiés par M. l'abbé Venturini. (Bastia, 1886, in-8°.)

CÔTE-D'OR.

BEAUNE. — **Société d'histoire, d'archéologie et de littérature de l'arrondissement de Beaune**, fondée le 22 mai 1851 et autorisée le 5 octobre de la même année.

Mémoires, 1re série, t. I, 1874; t. II, 1876, in-8°. — 2e série, t. I, 1877; t. VIII, 1885, in-8°.

Discours prononcé à la séance de rentrée de la Société, le 4 novembre 1852, par M. Guillemot. (Beaune, 1852, in-8°.)

Cronicques des faiz feurent monseigneur Girart de Rossillon, etc., publiée par M. L. de Montille. (Beaune, 1880, in-8°.)

Histoire de l'Hôtel-Dieu de Beaune (1443-1880), publiée par M. l'abbé Bavard, d'après les documents recueillis par M. l'abbé Boudrot. (Beaune, 1881, in-8°.)

Un agent politique de Charles-Quint, le Bourguignon Claude Bouton, seigneur de Corberon, avec le texte de son Miroir des dames, par M. E. Beauvois. (Paris, 1882, in-8°.)

CHÂTILLON-SUR-SEINE. — **Société archéologique du Châtillonais**, fondée en 1880 et autorisée le 17 novembre de la même année.

Bulletin, t. I, 1881-1886, in-8°.

DIJON. — *Académie des sciences, arts et belles-lettres de Dijon*, fondée le 1ᵉʳ octobre 1725, autorisée par lettres patentes du 7 juin 1740, reconstituée le 2 juin 1798 et *reconnue comme établissement d'utilité publique* le 22 octobre 1833.

Mémoires, t. I, 1769; t. X, 1785, in-8°. — 1ʳᵉ série, t. I, an VII; t. XL, 1850, in-8°. — 2ᵉ série, t. I, 1851; t. XVI, 1870, in-8°. — 3ᵉ série, t. I, 1873; t. VIII, 1883-1884, in-8°.

Le tome XVI de la 2ᵉ série renferme, p. 61, la table des articles contenus dans les *Mémoires* publiés de 1769 à 1869.

Éloge de messire Pouffier, doyen du parlement de Bourgogne, par M. Lantin. (Dijon, 1754, in-8°.)

Mémoire sur le canal de Bourgogne, par M. Thomas Dumorey. (Paris, 1764, in-8°.)

Éloge historique de Rameau, compositeur de musique, par M. Maret. (Dijon, 1766, in-8°.)

Éloge du président Jeannin, par M. Guyton de Morveau. (Paris, 1766, in-8°.)

Éloge de Pierre Terrail, dit le chevalier Bayard, par M. Combes. (Dijon, 1769, in-8°.)

Éloge historique de Jacques-Bénigne Bossuet, évêque de Meaux, par M. l'abbé Talbert. (Dijon, 1773, in-8°.)

Éloge de Piron, par M. Perret. (Dijon, 1774, in-8°.)

Éloge de M. Legouz de Gerland, ancien grand bailli du Dijonnais, par M. Maret. (Dijon, 1774, in-8°.)

Mémoire sur l'utilité d'un cours public de chimie dans la ville de Dijon, par M. de Mourau. (Dijon, 1775, in-8°.)

Éloge de M. Leblanc, chirurgien, par M. Maret. (Paris, 1778, in-8°.)

Éloge de M. Maret, chirurgien, par M. Maret. (Paris, 1781, in-8°.)

Procès-verbal de l'expérience aérostatique de l'Académie de Dijon le 25 avril 1784. (Dijon, 1784, in-8°.)

Description de l'aérostat « l'Académie de Dijon ». (Dijon, 1784, in-8°.)

Procès-verbal de la seconde expérience faite avec l'aérostat. (Dijon, 1784, in-8°.)

Éloge de Sébastien Le Prestre, seigneur de Vauban. (La Haye, 1786, in-8°.)

Exposé du principe et des avantages du nouveau thermomètre inventé par M. Goubert. (Dijon, 1806, in-8°.)

Rapport fait sur la confection d'un code rural. (Paris, an XI, in-8°.)

Éloge de M. Desvoge, dessinateur, par M. Fremiet-Monnier. (Dijon, 1813, in-8°.)

Dijon. (*Suite.*)

Rapport sur des machines à filer inventées par le sieur Chauvetot. (Dijon, 1814, in-8°.)

Rapport sur les machines à fabriquer le papier inventées par le sieur Leistenschneider. (Dijon, 1815, in-8°.)

Archéologie de la Côte-d'Or par ordre de localités, cantons et arrondissements, par M. Girault. (Dijon, 1823, in-8°.)

Rapport de la commission de statistique. (Dijon, 1835, in-8°.)

L'Université royale de France et l'Académie de Dijon, par M. Frantin. (Dijon, 1842, in-8°.)

Le président de Brosses. Histoire des lettres et des parlements au XVIIIe siècle, par M. Foisset. (Dijon, 1842, in-8°.)

Notice sur Charles Briffault, de l'Académie française, par M. Charles Poisot. (Dijon, 1859, in-8°.)

Doneau, sa vie et ses ouvrages, par M. Eyssell, traduit par M. J. Simonnet. (Dijon, 1860, in-8°.)

Chartes de communes et d'affranchissements en Bourgogne, publiées par M. J. Garnier. (Dijon, 1877, 3 vol. in-4°.)

Rapports sur les concours, n° 1, 1884; n° 3, 1886, in-8°.

Bibliographie bourguignonne, par M. P. Milsand. (Dijon, 1885, in 8°.)

— **Comité d'histoire et d'archéologie religieuse du diocèse de Dijon,** fondé en 1882.

Bulletin, t. I, 1883; t. IV, 1886, in-8°.

— **Commission des antiquités du département de la Côte-d'Or,** fondée le 1er octobre 1831 et autorisée le 7 octobre de la même année.

Mémoires, 1re série, t. I, 1832-1833; t. II, 1834-1835, in-8°. — 2e série, t. I, 1841; t. X, 1878-1884, in-4°.

Voies romaines du département de la Côte-d'Or et répertoire archéologique des arrondissements de Dijon et de Beaune, par MM. Paul Foisset et Jules Simonnet. (Dijon, 1872, in-4°.)

— **Société des amis des arts de Dijon,** fondée en 1857.

Comptes rendus annuels, in-8°.

— **Société bourguignonne d'histoire et de géographie,** fondée en 1881 et approuvée le 8 mai 1883.

Bulletin, t. I, 1881, in-8°.

Mémoires, t. I, 1884; t. IV, 1886, in-8°.

— **Société des pharmaciens de la Côte-d'Or,** fondée le 2 juin 1880.

Bulletin, t. I, 1883; t. IV, 1886, in-8°.

SEMUR. — Société des sciences historiques et naturelles de Semur, fondée en 1842, réorganisée le 18 février 1863 et autorisée le 18 juin de la même année.

Bulletin, 1ʳᵉ série, t. I, 1864; t. XIX, 1882, in-8°. — 2ᵉ série, t. I, 1884; t. II, 1885, in-8°.

CÔTES-DU-NORD.

DINAN. — Société d'émulation de Dinan, fondée en 1862.

Annales, t. I, 1862-1863, in-12.

SAINT-BRIEUC. — Association bretonne, fondée en 1843, dissoute en 1859, reconstituée et autorisée en 1873.

Comptes rendus des congrès archéologiques de Rennes et de Nantes. (Rennes, 1844-1845, 2 vol. in-8°.)

Bulletin archéologique, t. I, 1849; t. XX, 1886, in-8°.

Bulletin agricole, t. I, 1844; t. XXVI, 1886, in-8°.

— Société archéologique et historique des Côtes-du-Nord, fondée le 15 juin 1842 et autorisée le 8 juillet de la même année.

Mémoires, 1ʳᵉ série, t. I, 1842-1849; t. VI, 1874-1881, in-8°. — 2ᵉ série, t. I, 1883-1884; t. II, 1885-1886, in-8°.

Une table des 6 premiers volumes des Mémoires se trouve à la fin du tome VI de la 1ʳᵉ série.

Annuaire historique des Côtes-du-Nord, de 1853 à 1880, in-18.

Répertoire archéologique du département des Côtes-du-Nord, par M. Gaultier du Mottay. (Saint-Brieuc, 1884, in-8°.)

— Société d'émulation des Côtes-du-Nord, fondée le 4 février 1861 et autorisée par des arrêtés du 11 mai 1861 et du 14 mai 1866.

Mémoires, t. I, 1861; t. XXIV, 1886, in-8°.

Une table des 14 premiers volumes des Mémoires a paru à la fin du tome XIV en 1847.

Congrès celtique international tenu à Saint-Brieuc en octobre 1867 ; séances, mémoires. (Saint-Brieuc, 1868, 2 vol. in-8°.)

Congrès scientifique de France. Trente-huitième session, tenue à Saint-Brieuc, du 1ᵉʳ au 10 juillet 1872. (Saint-Brieuc, 1872, 2 vol. in-8°.)

Étude sur les Celtes et les Gaulois, par M. P. Lemière. (Saint-Brieuc, 1881, in-8°.)

Trésors archéologiques de l'Armorique occidentale. (Saint-Brieuc, 1882-1885, in-4°.)

Mémoires historiques et archéologiques sur la ville de Lamballe, par M. Quernest. (Saint-Brieuc, 1886, in-8°.)

CREUSE.

Aubusson. — **Société du musée d'Aubusson**, fondée le 25 mars 1885.

Bulletin, n° 1, 1885, in-8°.

Guéret. — **Société des sciences naturelles et archéologiques de la Creuse**, fondée le 2 décembre 1832 et autorisée le 3 octobre 1834.

Mémoires, 1re série, t. I, 1838-1847; t. IV, 1862, in-8°. — 2e série, t. I, 1882-1886, in-8°.

Chartes communales et franchises locales du département de la Creuse, par M. Louis Duval. (Guéret, 1877, in-8°.)

DORDOGNE.

Périgueux. — **Société d'agriculture, sciences et arts de la Dordogne,** fondée au mois de décembre 1820 et autorisée le 11 juillet 1829.

Annales agricoles, littéraires et scientifiques, t. I, 1840; t. XLVII, 1886, in-8°.

— **Société des amis des arts de la Dordogne,** fondée le 19 octobre 1883 et autorisée le 24 novembre suivant.

— *Société historique et archéologique du Périgord, fondée le 1er mars 1874, autorisée le 18 avril suivant et *reconnue comme établissement d'utilité publique* le 13 avril 1886.

Bulletin, t. I, 1874; t. XIII, 1886, in-8°.

Une table des matières contenues dans les *Bulletins* de 1874 à 1883 a été publiée en 1884 par M. Dujarric-Descombes.

Sigillographie du Périgord, par M. Philippe de Bosredon. (Périgueux, 1880, in-4°.)

Supplément à la sigillographie du Périgord, par M. Philippe de Bosredon. (Périgueux, 1882, in-4°.)

Essai de bibliographie périgourdine, par M. A. de Roumejoux. (Sauveterre, 1882, in-4°.)

Les chroniques de Jean Tarde, chanoine théologal et vicaire de l'église de Sarlat, annotées par M. le vicomte G. de Gérard et précédées d'une notice biographique et d'une introduction par M. Gabriel Tarde. (Sous presse.)

DOUBS.

Besançon. — *Académie des sciences, belles-lettres et arts de Besançon, fondée en juin 1752, supprimée en 1790, rétablie en 1806 et *reconnue comme établissement d'utilité publique* le 14 juin 1829.

Séances publiques, 1re série, n° 1, 1754; n° 16, 1783, in-4°. — 2e série, n° 1, 1806; n° 109, 1875, in-8°.

4

BESANÇON. (*Suite.*)

Recueil des travaux, t. I, 1876-1877; t. X, 1886, in-8°.

Mémoires et documents inédits pour servir à l'histoire de la Franche-Comté, t. I, 1838; t. VII, 1878, in-8°.

— Société des amis des beaux-arts de Besançon, fondée et autorisée au mois d'avril 1858.

Catalogues des expositions des beaux-arts tenues à Besançon de 1858 à 1884, 9 broch. in-8°.

— Société des architectes du Doubs, fondée en 1866.

— *Société d'émulation du département du Doubs, fondée le 1ᵉʳ juillet 1840 et *reconnue comme établissement d'utilité publique* le 22 avril 1863.

Mémoires, 1ʳᵉ série, t. I, 1841-1843; t. III, 1847-1849, in-8°. — 2ᵉ série, t. I, 1850; t. VIII, 1856, in-8°. — 3ᵉ série, t. I, 1856; t. X, 1864-1869, in-8°. — 4ᵉ série, t. I, 1865; t. X, 1875, in-8°. — 5ᵉ série, t. I, 1876; t. X, 1885, in-8°. — 6ᵉ série, t. I, 1886, in-8°.

Les tables générales des *Mémoires* publiés de 1841 à 1885 se trouvent à la fin du tome X de la 4ᵉ série et à la fin du tome X de la 5ᵉ série.

— Société de médecine de Besançon, fondée en 1845.

Bulletin, 1ʳᵉ série, n° 1, 1845; n° 15, 1865, in-8°. — 2ᵉ série, n° 1, 1866; n° 3, 1872, in-8°.

— Société des pharmaciens de Franche-Comté, fondée et autorisée le 22 décembre 1879.

MONTBÉLIARD. — Société d'émulation de Montbéliard, fondée en mai 1850 sous le nom de *Société scientifique et médicale;* elle a pris le 12 août 1852 sa dénomination actuelle.

Mémoires, 1ʳᵉ série, t. I, 1852; t. X, 1861, in-8°. — 2ᵉ série, t. I, 1862-1864; t. VII, 1875, in-8°. — 3ᵉ série, t. I, 1877; t. VII, 1886, in-8°.

Monuments de l'histoire des anciens comtes de Montbéliard, par M. Tuetey. (Montbéliard, 1874, in-8°.)

DRÔME.

ROMANS. — Comité d'histoire ecclésiastique et d'archéologie religieuse du diocèse de Valence.

Bulletin, t. I, 1880-1881; t. VI, 1885-1886, in-8°.

Valence. — *Société d'archéologie et de statistique de la Drôme, fondée le 2 janvier 1866, autorisée le 18 novembre 1867 et reconnue comme établissement d'utilité publique le 19 juillet 1881.

Bulletin, t. I, 1866; t. XX, 1886, in-8°.

A la fin du tome X, p. 453, se trouve une table générale des 10 premiers volumes du Bulletin.

Cartulaire du Bourg-lès-Valence, publié par M. l'abbé Ulysse Chevalier. (Paris, 1875, in-8°.)

Glossaire du patois de Die, par M. Auguste Boissier. (Valence, 1873, in-8°.)

L'arrondissement de Montélimar, géographie, histoire et statistique, par M. A. Lacroix, t. V, VI et VII. (Valence, 1877-1886, 3 vol. in-8°.)

Mémoires d'Eustache Piémond, notaire royal delphinal de la ville de Saint-Antoine en Dauphiné (1571-1608), publiés par M. J. Brun-Durand. (Valence, 1885, in-8°.)

— Société des architectes de la Drôme, fondée en 1883.

EURE.

Évreux. — Académie ébroïcienne, fondée le 13 septembre 1832.

Bulletin, t. I, 1833; t. V, 1837, in-8°.

— Société des amis des arts du département de l'Eure, fondée le 22 avril 1881 et autorisée le 31 août suivant.

Bulletin, t. I, 1885, in-8°.

— Société libre d'agriculture et de commerce du département de l'Eure, fondée en 1798.

Mémoire statistique du département de l'Eure, par M. Masson-Saint-Amand. (Évreux, an XIII, in-fol.)

— *Société libre d'agriculture, sciences, arts et belles-lettres du département de l'Eure, fondée en 1807 sous le titre de Société d'agriculture, sciences et arts du département de l'Eure. Elle ne reçut sa dénomination actuelle qu'en 1832, et fut reconnue comme établissement d'utilité publique le 11 juin de la même année.

Recueil des travaux, 1re série, t. I, 1830; t. X, 1839, in-8°. — 2e série, t. I, 1840; t. VIII, 1845-1848, in-8°. — 3e série, t. I, 1850-1851; t. IX, 1864-1868, in-8°. — 4e série, t. I, 1869-1872; t. VI, 1882-1885, in-8°.

La Société a fait imprimer, en 1865, une notice historique sur la Société et une table des matières contenues dans les 24 volumes publiés de 1830 à 1860. (Évreux, 1865, in-8°.)

4.

Évreux. (Suite.)

Mémoires sur les ruines du vieil Évreux, par M. Rever. (Évreux, 1827, in-8°.)

De la nature de la richesse et de l'origine de la valeur, par M. Walras. (Évreux, 1831, in-8°.)

Statistique du département de l'Eure. Botanique. (Évreux, 1846, in-4°.)

Statistique du département de l'Eure. Usages locaux. 1re édition. (Évreux, 1850, in-4°, et 1851, in-8°.) — 2e édition. (Évreux, 1863, in-12.) — 3e édition. (Évreux, 1874, in-12.) — 4e édition. (Évreux, 1882, in-12.)

Études sur la condition de la classe agricole et l'état de l'agriculture en Normandie au moyen âge, par M. Léopold Delisle. (Évreux, 1851, in-8°.)

Mémoires et notes de M. Auguste Le Prévost pour servir à l'histoire du département de l'Eure, recueillis et publiés par MM. Léopold Delisle et Louis Passy. (Évreux, 1862-1872, 3 vol. in-8°.)

Carte géologique du département de l'Eure, dressée par M. Antoine Passy. (Évreux, 1857.)

Notices biographiques sur MM. de Vatimesnil, Delhomme et Cassen. (Évreux, 1866, in-8°.)

Description géologique du département de l'Eure, avec des *notes sur l'orographie, l'hydrologie, la géologie, l'agriculture, l'industrie et la botanique de chaque commune*, par M. Antoine Passy. (Évreux, 1874, in-4°.)

Histoire de Bernay et de son canton, par M. le colonel Goujon. (Évreux, 1875, in-8°.)

Notice historique sur la commune de Saint-Germain-lez-Évreux, par M. Izarn. (Évreux, 1875, in-8°.)

Le département de l'Eure à l'Exposition universelle de 1878, par M. Charles Fortier. (Évreux, 1879, in-8°.)

Dictionnaire du patois normand en usage dans le département de l'Eure, par MM. Robin, Le Prévost, Antoine Passy et de Blosseville. (Évreux, 1879-1882, in-8°.)

— **Société des pharmaciens de l'Eure**, fondée en 1872 et autorisée en 1873.

Bulletin, t. I, 1875; t. XIII, 1886, in-8°.

EURE-ET-LOIR.

Chartres. — *Société archéologique d'Eure-et-Loir**, fondée le 21 mai 1856, autorisée le 22 juillet suivant et *reconnue comme établissement d'utilité publique* le 4 juillet 1868.

Mémoires, t. I, 1858; t. VIII, 1886, in-8°.

Procès-verbaux, t. I, 1861; t. VII, 1886, in-8°.

Catalogue de l'exposition archéologique d'objets d'art à Chartres. (Chartres, 1858, in-8°.)

CHARTRES. (*Suite.*)

Statistique archéologique d'Eure-et-Loir, par M. de Boisvillette. (Chartres, 1860, in-8°.)

Statistique scientifique d'Eure-et-Loir, par MM. Lefebvre, Marchand, Lamy et Guemé. (Chartres, 1872-1875, 2 vol. in-8°.)

Cartulaire de Notre-Dame de Chartres, publié par MM. de Lépinois et Lucien Merlet. (Chartres, 1862-1865, 3 vol. in-4°.)

Histoire du diocèse et de la ville de Chartres, par J.-B. Souchet, *official et chanoine de Notre-Dame de Chartres,* publiée d'après le manuscrit original de la bibliothèque de Chartres. (Chartres, 1866-1872, 4 vol. in-8°.)

Compte rendu des cours publics. (Chartres, 1866, in-8°.)

Catalogue de l'exposition départementale de 1869. (Chartres, 1869, in-8°.)

Plan de la ville de Chartres en 1750.

Plan de la ville de Dreux en 1750.

L'invasion prussienne. Rapports des maires du département sur les événements qui se sont passés dans leurs communes, publiés par M. Lucien Merlet. (Chartres, 1872, in-8°.)

Cartulaire de l'abbaye de la Sainte-Trinité de Tiron, publié par M. Lucien Merlet. (Chartres, 1883, 2 vol. in-4°.)

Essai sur Yves de Chartres, d'après sa correspondance, par M. l'abbé Foucault. (Chartres, 1883, in-8°.)

Dalles tumulaires et pierres tombales du département d'Eure-et-Loir. (Ouvrage en cours de publication.)

Monographie de la cathédrale de Chartres, ouvrage posthume de M. l'abbé Bulteau, publié par M. l'abbé Brou. (Ouvrage en cours de publication.)

CHÂTEAUDUN. — *Société dunoise,* fondée le 29 novembre 1864, autorisée le 21 décembre suivant et *reconnue comme établissement d'utilité publique* le 11 décembre 1878.

Bulletin, t. I, 1864-1869; t. V, 1885-1887, in-8°.

Cartulaire de Marmoutier pour le Dunois, publié par M. E. Mabille. (Châteaudun, 1874, in-8°.)

Histoire de l'abbaye de Saint-Florentin de Bonneval, par M. le Dr Bigot. (Châteaudun, 1876, in-8°.)

Chartes octroyées par Louis Ier, comte de Blois, de Chartres et de Clermont (1193-1197), publiées par M. Poulain de Bossay. (Châteaudun, 1876, in-8°.)

Topographie archéologique du pays Dunois, par M. Poulain de Bossay. (Châteaudun, 1876, in-8°.)

Histoire sommaire du Dunois, de ses comtes et de sa capitale, par M. l'abbé Bordas. Nouvelle édition. (Châteaudun, 1884, 2 vol. in-8°.)

Registres et minutes des notaires du comté de Dunois (1369-1676), inventaire sommaire par M. Lucien Merlet. (Châteaudun, 1886, in-8°.)

FINISTÈRE.

BREST. — *Société académique de Brest, fondée le 25 mai 1858, autorisée le 10 janvier 1859 et reconnue comme établissement d'utilité publique le 16 août 1880.

Bulletin, 1ʳᵉ série, t. I, 1861; t. VIII, 1873, in-8°. — 2° série, t. I, 1874; t. XI, 1886, in-8°.

— Société d'émulation de Brest, fondée en 1835.

Annuaire de Brest et du Finistère, t. I, 1835; t. XVII, 1851, in-8°.
Annales, t. I, 1846, in-8°.

MORLAIX. — Société d'études scientifiques du Finistère, fondée en 1878.

Bulletin, t. I, 1879; t. IX, 1886, in-8°.

QUIMPER. — Société archéologique du Finistère, fondée en 1845 et réorganisée le 15 avril 1873.

Bulletin, t. I, 1873; t. XIII, 1886, in-8°.
Catalogue du musée archéologique départemental et du musée des anciens costumes bretons. (Quimper, 1885, in-8°.)
Cartulaire de l'abbaye de Landévennec, publié par M. A. de la Borderie, d'après la copie faite par M. Le Men. (Sous presse.)

GARD.

ALAIS. — * Société scientifique et littéraire, fondée le 28 février 1868 et reconnue comme établissement d'utilité publique le 15 décembre 1879.

Mémoires et comptes rendus, t. I, 1868; t. XVII, 1885, in-8°.
Cartulaire de Remoulins, publié par M. G. Charvet. (Alais, 1873-1876, in-8°.)
Dictionnaire languedocien-français, par MM. d'Hombres et G. Charvet. (Alais, 1884, in-8°.)

NIMES. — * Académie de Nimes, fondée le 10 août 1682, reconstituée en 1801 sous le nom de Lycée du Gard, nommée ensuite Académie du Gard et autorisée à reprendre son premier titre le 22 février 1878; elle a été reconnue comme établissement d'utilité publique le 11 décembre 1871.

Recueil des pièces lues dans les séances publiques de l'Académie royale de Nismes. (Nimes, 1756, in-8°.)
Notice des travaux de l'Académie du Gard, t. I, 1805; t. X, 1833-1834, in-8°.

Nimes. (*Suite.*)

Mémoires, t. I, 1835-1837; t. XL, 1886, in-8°.

Les tables des travaux publiés par l'Académie ont été insérées dans les *Mémoires* des années 1865, 1870 et 1885.

Procès-verbaux, t. I, 1842-1843; t. XXXII, 1877, in-8°.

Bulletin, t. I, 1878; t. IX, 1886, in-8°.

— **Comité de l'art chrétien du diocèse de Nimes**, fondé le 26 février 1876.

Bulletin, t. I, 1877-1880; t. III, 1884-1887, in-8°.

Bullaire de Saint-Gilles, publié par M. l'abbé Goiffon. (Nimes, 1882-1884, in-8°.)

— **Société d'études des sciences naturelles de Nimes**, fondée le 17 novembre 1871 et autorisée le 3 décembre 1872.

Bulletin, t. I, 1873; t. XIV, 1886, in-8°.

— **Société littéraire et artistique de Nimes**, fondée le 18 juin 1881.

Bulletin, t. I, 1882-1883, in-8°.

GARONNE (HAUTE-).

Saint-Gaudens. — **Société des études du Comminges**, fondée en 1884.

Revue de Comminges, t. I, 1885; t. II, 1886, in-8°.

Toulouse. — *****Académie des jeux floraux**, autorisée par lettres patentes de Louis XIV, du mois de septembre 1694, se rattachant à l'ancien *Collège du gai savoir et de la gaie science* et reconnue comme *établissement d'utilité publique* par ordonnance royale du mois d'août 1773.

Recueils publiés par l'Académie de 1694 à 1790, et de 1806 à 1886. Cette collection forme 156 volumes in-8°.

. *Traité de l'origine des jeux floraux de Toulouse*. (Toulouse, 1715, in-12.)

Histoire des jeux floraux, par M. Poitevin-Peitavi. (Toulouse, 1815, 2 vol. in-8°.)

Monuments de la littérature romane, publiés par M. Gatien-Arnoult. (Toulouse, 1841-1844, 4 vol. in-8°.)

— *****Académie de législation de Toulouse**, fondée en 1851, autorisée le 30 mai 1855 et reconnue comme *établissement d'utilité publique* le 20 novembre 1871.

Recueil, t. I, 1851-1852; t. XXXV, 1885-1886, in-8°.

Une table des matières contenues dans les 12 premiers volumes parus de 1851 à 1864 a été publiée en 1865.

TOULOUSE. (*Suite.*)

— **Académie poétique Mont-Réal de Toulouse**, fondée en 1887 et autorisée le
10 mars 1881.

 Échos de Mont-Réal, t. I, 1878; t. IX, 1886, in-8°.

— * **Académie des sciences, inscriptions et belles-lettres de Toulouse**, fondée
en 1640 et connue sous la dénomination de *Société des lanternistes*; constituée en *Société des sciences* en 1729, autorisée par lettres patentes du 24 juin
1746 sous le nom d'*Académie royale des sciences*, ensuite des *belles-lettres;*
remplacée en 1797 par le *Lycée*, vers 1804 par l'*Athénée,* et, en 1807, par
l'*Académie des sciences, inscriptions et belles-lettres;* elle fut *reconnue comme
établissement d'utilité publique* le 6 août 1809.

 *Recueil de discours et pièces d'éloquence de prose et de vers prononcez dans les confé-
rences académiques de-Toulouse.* (Toulouse, 1692, in-12.)

 Recueil pour le prix de l'année 1694. (Toulouse, s. d., in-12.)

 *Catalogue des plantes usuelles qui se trouvent dans le jardin botanique de l'Académie
royale des sciences.* (Toulouse, 1782, in-8°.)

 Recueil des ouvrages lus dans les séances du Lycée du 10 floréal an VI au 30 germinal an IX. (5 broch. in-8°.)

 Mémoires, 1re série, t. I, 1782; t. IV, 1790, in-4°. — 2e série, t. I, 1827; t. VI,
1843, in-8°. — 3e série, t. I, 1845; t. VI, 1850, in-8°. — 4e série, t. I, 1851;
t. VI, 1856, in-8°. — 5e série, t. I, 1857; t. VI, 1862, in-8°. — 6e série,
t. I, 1863; t. VI, 1868, in-8°. — 7e série, t. I, 1869; t. X, 1878, in-8°. —
8e série, t. I, 1879; t. VIII, 1886, in-8°.

 En 1854 et en 1864, M. Auguste Larrey a fait imprimer la table alphabétique des matières contenues dans les 28 volumes des cinq premières séries
des *Mémoires*. La table alphabétique des 6 volumes de la 6e série a paru en
1868 et celle des 10 volumes de la 7e série a paru en 1880.

 Annuaires parus en 1814, 1816, 1819, 1823, 1826 et 1827, in-18.

 Annuaire annuel, de 1846 à 1886, in-18.

— **Société académique franco-hispano-portugaise de Toulouse**, fondée en 1879
et autorisée le 19 février de la même année.

 Bulletin, t. I, 1879-1880; t. VII, 1886, in-8°.

 Annuaire annuel, in-8°.

— * **Société archéologique du midi de la France**, fondée le 2 juin 1831, autorisée le 2 août 1838 et *reconnue comme établissement d'utilité publique* le
10 novembre 1850.

 Mémoires, 1re série, t. I, 1831; t. IX, 1871, in-4°. — 2e série, t. X, 1872-1874;
t. XIV, 1886-1887, in-4°.

 Une table générale de la 1re série des *Mémoires* a été publiée par M. Eugène
Lapierre en 1875, in-4°.

TOULOUSE. (*Suite.*)

Bulletin trimestriel, in-4°, dont 13 fascicules ont paru de 1869 à 1887.

Monographie de l'insigne basilique de Saint-Saturnin de Toulouse, par M. du Mège. (Paris, 1854, in-8°.)

— Société de géographie de Toulouse, fondée en 1882 et autorisée le 4 avril de la même année.

Bulletin, t. I, 1882; t. V, 1886, in-8°.

— Société d'histoire naturelle de Toulouse, fondée en 1866 et autorisée le 13 août de la même année.

Bulletin, t. I, 1867; t. XX, 1886, in-8°.

— * Société de médecine, chirurgie et pharmacie de Toulouse, fondée en 1801, *reconnue comme établissement d'utilité publique* le 4 avril 1853.

Bulletin, in-8°, formant 69 fascicules.

Revue médicale de Toulouse, t. I, 1867; t. XX, 1886, in-8°.

Compte rendu, in-8°, paraissant par fascicules annuels depuis 1867.

Il a été dressé une table alphabétique de tous les travaux de la Société, de 1804 à 1863, in-8°.

— Société de pharmacie du Sud-Ouest, fondée en 1877.

Bulletin mensuel, in-8°.

— Société des sciences physiques et naturelles de Toulouse, fondée en 1871 et autorisée le 20 mars de la même année.

Bulletin, t. I, 1872-1873; t. VI, 1883-1884, in-8°.

GERS.

AUCH. — Société historique de Gascogne, fondée en octobre 1859 sous le titre de *Comité d'histoire et d'archéologie de la province ecclésiastique d'Auch* et constituée en *Société historique* le 12 avril 1869.

Revue de Gascogne, t. I, 1860; t. XXVII, 1886, in-8°.

Les 4 premiers volumes de cette revue ont été imprimés sous le titre de *Bulletin du Comité d'histoire et d'archéologie de la province ecclésiastique d'Auch.*

Le tome X renferme une table des 10 premiers volumes, qui a été tirée à part, in-8°. Les tomes XV, XX et XXV renferment chacun une table des articles parus dans les 5 volumes précédents.

5

AUCH. (*Suite.*)

Archives historiques de la Gascogne, dont 12 fascicules ont déjà paru, savoir :
Documents inédits sur la Fronde en Gascogne, publiés par M. J. de Carsalade du Pont. (Auch, 1883, in-8°.)

Documents relatifs à la chute de la maison d'Armagnac-Fezensaguet et à la mort du comte de Pardiac, publiés par M. Paul Durrieu. (Auch, 1883, in-8°.)

Voyage à Jérusalem de Philippe de Voisins, seigneur de Montaut (*1490*), publié par M. Tamizey de Larroque. (Auch, 1883, in-8°.)

Les Huguenots en Bigorre. Documents inédits publiés par MM. C. Durier et J. de Carsalade du Pont. (Auch, 1884, in-8°.)

Chartes de coutumes inédites de la Gascogne toulousaine, publiées par M. F. Cabié. (Auch, 1884, in-8°.)

Les Huguenots dans le Béarn et la Navarre. Documents inédits publiés par M. Communay. (Auch, 1885, in-8°.)

Les Frères Prêcheurs en Gascogne aux xiii° et xiv° siècles. Documents publiés par M. l'abbé Douais. (Auch, 1885, in-8°.)

Archives de la ville de Lectoure. Coutumes, statuts et records du xiii° au xvi° siècle, publiés par M. P. Druilhet. (Auch, 1885, in-8°.)

Lettres inédites de Henri IV à M. de Pailhès, gouverneur du comté de Foix, et aux consuls de la ville de Foix (1576-1602), publiées par M. de la Hitte. (Auch, 1886, in-8°.)

Lettres inédites de Marguerite de Valois, tirées de la bibliothèque impériale de Saint-Pétersbourg (1579-1606), publiées par M. P. Lauzun. (Auch, 1886, in-8°.)

Les comptes consulaires de Riscle (1440-1507), publiés par M. Paul Parfouru, t. I. (Auch, 1886, in-8°.)

Sommaire description du pays et comté de Bigorre par Mauran, publiée par M. Gaston Balencie. (Sous presse.)

Livre des syndics des États de Béarn, publié par M. Léon Cadier. (Sous presse.)

Voyage à Constantinople de Jean de Gontaut-Biron (1603), publié par M. le comte Théodore de Gontaut-Biron. (Sous presse.)

GIRONDE.

ARCACHON. — **Société scientifique d'Arcachon**, fondée et autorisée le 11 mars 1863.

Comptes rendus, n° 1, 1867; n° 2, 1869, in-8°.

BORDEAUX. — ***Académie des sciences, belles-lettres et arts de Bordeaux**, fondée en 1662, autorisée par lettres patentes du 5 septembre 1712, supprimée en 1793, reconstituée peu après sa suppression sous le nom de *So-

BORDEAUX. (*Suite.*)

ciété d'agriculture, qu'elle conserva de 1800 à 1816; reprit en 1816 son ancien titre et fut *reconnue comme établissement d'utilité publique* le 13 août 1828.

L'ancienne Académie a publié, indépendamment des programmes, règlements, etc., un recueil des dissertations qui ont obtenu les prix des concours ouverts par l'Académie. Ces dissertations, réunies par un faux titre et portant chacune une pagination particulière, furent imprimées de 1715 à 1735; elles forment 6 volumes in-12. A partir de 1740, elles ont été imprimées in-4° et forment un nombre indéterminé de volumes.

La *Société d'agriculture* n'a publié aucun volume, ses procès-verbaux et mémoires étant imprimés par des journaux et principalement par le *Bulletin polymathique.*

Séances publiques annuelles, de 1820 à 1839, et de 1880 à 1886, in-8°.

Actes, t. I, 1839; t. XLVII, 1886, in-8°.

Une table des travaux de l'Académie de 1712 à 1846 a été dressée par M. de Lamothe et continuée jusqu'en 1860 par M. Jules de Gères.

Table historique et méthodique (1712-1875); *documents historiques (1711-1713)*; *catalogue des manuscrits de l'ancienne Académie (1712-1793).* (Bordeaux, 1879, in-8°.)

— **Académie royale de peinture et de sculpture de Bordeaux**, fondée en 1690; dissoute en 1709, reconstituée en 1769 sous le titre d'*Académie royale de peinture, sculpture et d'architecture civile et navale,* supprimée en 1793.

Elle n'a rien fait imprimer. Les mémoires et les procès-verbaux de la première Académie forment 1 volume in-folio, que la ville possède; ceux de la deuxième Académie forment 2 volumes in-folio, conservés par M. Jules Delpit.

— **Commission des monuments et documents historiques de la Gironde,** fondée en 1839.

Comptes rendus, t. I, 1840; t. VI, 1855, in-8°.

Une table alphabétique et analytique des matières contenues dans ces *Comptes rendus* a été publiée en 1865.

— **Société d'anatomie et de physiologie normale et pathologique de Bordeaux,** fondée le 9 mars 1880.

Bulletin, t. I, 1880-1881; t. VI, 1886, in-8°.

— **Société des amis des arts de Bordeaux,** fondée le 15 avril 1851.

Comptes rendus annuels, in-8°.

— **Société d'anthropologie de Bordeaux ou du Sud-Ouest,** fondée le 12 décembre 1883 et autorisée le 1er juillet 1884.

.Bordeaux. (*Suite.*)

— **Société archéologique de Bordeaux**, fondée au mois de septembre 1867 et autorisée le 26 août 1873.

Travaux, t. I, 1874; t. IX, 1882, in-8°.

— **Société des architectes de Bordeaux**, fondée en 1863.

— **Société des archives historiques de la Gironde**, fondée en 1858 et autorisée le 8 juillet de la même année.

Archives historiques du département de la Gironde, t. I, 1859; t. XXIV, 1884-1885, in-4°.

Les tomes XI et XX contiennent des tables chronologiques des documents publiés dans les 20 premiers volumes, et un glossaire des mots gascons qui se trouvent dans les textes publiés.

— **Société bibliographique de Bordeaux**, fondée en 1868.

Bulletin mensuel, in-8°.

— **Société des bibliophiles de Guyenne**, fondée au mois de janvier 1866 et autorisée le 16 février suivant.

Tome I des publications, contenant : *La reprise de la Floride,* par M. Tamizey de Larroque; — *Étienne de La Boétie : Notes sur Plutarque,* par M. Reinhold Dezeimeris; — *Mémoires de Jean de Fabas,* par M. H. Barckhausen; — *Plainctes de la Guyenne au Roy,* par M. Jules Delpit. (Bordeaux, 1867, in-8°.)

Tome II, contenant : *Poésies inédites grecques, latines et françaises de Martin Despois,* publiées par M. Reinhold Dezeimeris; — *Supplément logarithmique de Leonelli,* par M. J. Houël; — *Louis XIII à Bordeaux,* par M. Tamizey de Larroque. (Bordeaux, 1876, in-8°.)

Tome III, contenant : *Lettre de M. de Rulhière à Mme la duchesse d'Aiguillon sur un voyage de M. le duc de Richelieu à Bayonne en 1759,* publiée par M. Céleste. — *Avis pour dresser une bibliothèque par Louis Machon, curé de Tourne,* publié par M. Céleste. — *Expositions des beaux-arts à Bordeaux au XVIII° siècle (1771-1787),* publiées par M. Charles Marionneau. (Bordeaux, 1882, in-8°.)

Les Essais de Michel de Montaigne. Texte original de 1580 avec les variantes des éditions de 1582 et 1587, publié par MM. Barckhausen et Reinhold Dezeimeris. (Bordeaux, 1870-1873, 2 vol. in-8°.)

Chronique bordelaise de Jean de Gaufreteau, publiée par M. Jules Delpit. (Bordeaux, 1877-1878, 2 vol. in-8°.)

Chronique bordelaise d'Étienne de Cruseau, publiée par M. Jules Delpit. (Bordeaux, 1879-1881, 2 vol. in-8°.)

Chronique du parlement de Bordeaux par Jean de Métivier, publiée par MM. Arthur de Brézetz et Jules Delpit, t. I. (Bordeaux, 1886, in-8°.)

Bordeaux. (Suite).

Tablettes des bibliophiles de Guyenne, 3 vol. in-8°. — Le premier contient : Les mœurs béarnaises, par M. P. Raymond; — Origines de l'imprimerie en Guyenne, par M. Jules Delpit. — Le second renferme : Inventaire de la collection Payen, par M. G. Richou; — Lettres de Françoise de Lachassagne, par M. Jules Delpit. — Le troisième contient : Poésies inédites de Lagrange-Chancel, un curé bordelais et un collectionneur bordelais, publiés par M. Jules Delpit.

— Société Darwin pour l'étude et l'avancement des sciences naturelles dans le Sud-Ouest, fondée en 1881.

Journal d'histoire naturelle de Bordeaux et du Sud-Ouest, t. I, 1881; t. VI, 1886, in-8°.

Annales des sciences naturelles de Bordeaux et du Sud-Ouest, t. I, 1882; t. V, 1886, in-8°.

— Société d'économie politique de Bordeaux, fondée en 1865 et reconstituée en 1862.

Bulletin, t. I, 1865-1866, in-8°.

Procès-verbaux annuels, in-8°.

— Société d'hygiène publique de Bordeaux, fondée le 23 mars 1881.

— Société de géographie commerciale de Bordeaux, fondée le 14 novembre 1874 et autorisée le 30 avril 1879.

Bulletin, 1re série, t. I, 1874-1875; t. II, 1876-1877, in-8°. — 2e série, t. I, 1878; t. IX, 1886, in-8°.

Questionnaire général adressé à MM. les capitaines de navires, voyageurs et correspondants de la Société, 1re édition, 1875. — 2e édition, 1882, in-8°.

Carte géologique de la Gironde, dressée par M. Raulin.

Carte agricole de la Gironde, dressée par M. Malvezin.

Congrès national des Sociétés françaises de géographie à Bordeaux au mois de septembre 1882. Compte rendu des travaux du congrès. (Bordeaux, 1883, in-8°.)

— *Société linnéenne de Bordeaux, fondée le 9 juillet 1818, autorisée le 12 octobre 1827 et reconnue comme établissement d'utilité publique le 15 juin 1828.

Bulletin, t. I, 1826; t. III, 1829, in-8°.

Actes, 1re série, t. I; t. X, 1838, in-8°. — 2e série, t. I, 1839; t. X, 1855, in-8°. — 3e série, t. I, 1856; t. X, 1876, in-8°. — 4e série, t. I, 1877; t. X, 1886, in-8°.

Le tome XX renferme, p. 905, une table des travaux de la Société, de 1826 à 1855, publiée par M. Raulin.

Une table des matières contenues dans les tomes XXI à XXX de la Société a paru en 1877.

BORDEAUX. (*Suite.*)

— ***Société de médecine et de chirurgie de Bordeaux**, fondée le 6 juin 1798 et *reconnue comme établissement d'utilité publique* le 26 août 1857.

Journal de médecine pratique, 1ʳᵉ série, t. I, 1829; t. VI, 1831. — 2ᵉ série, t. I, 1835; t. VIII, 1838. — 3ᵉ série, t. I, 1839; t. VIII, 1842, in-8°.

Journal de médecine de Bordeaux, 1ʳᵉ série, t. I, 1843; t. XIII, 1855, in-8°.

Union médicale de la Gironde, t. I, 1856; t. XV, 1871, in-8°.

Mémoires et bulletins, t. I, 1872; t. XV, 1886, in-8°.

— **Société du Muséum de Bordeaux**, fondée en 1802.

Bulletin polymathique, t. I, 1802; t. XX, 1822, in-8°.

— **Société de pharmacie de Bordeaux**, fondée en 1834.

Mémoires, t. I, 1834-1858, in-8°.

Bulletin, t. I, 1860; t. XXVI, 1886, in-8°.

Journal de pharmacie de Bordeaux, in-8°.

Les fonds de la mer, par MM. Léon Périé et de Follin, t. I. (Bordeaux, 1869, in-8°.)

— ***Société philomathique de Bordeaux**, fondée le 5 août 1808 et *reconnue comme établissement d'utilité publique* le 27 juillet 1859.

Bulletin, 1ʳᵉ série, t. I, 1856; t. XIV, 1869, in-8°. — 2ᵉ série, t. I, 1875; t. XI, 1886, in-8°.

— **Société des sciences physiques et naturelles de Bordeaux**, fondée le 21 novembre 1850 et autorisée le 8 janvier 1851.

Mémoires, 1ʳᵉ série, t. I, 1855; t. X, 1875, in-8°. — 2ᵉ série, t. I, 1876; t. V, 1883, in-8°. — 3ᵉ série, t. I, 1884; t. II, 1885-1886, in-8°.

Une table de la 1ʳᵉ série des *Mémoires* de la Société a paru en 1875.

HÉRAULT.

BÉZIERS. — ***Société archéologique, scientifique et littéraire de Béziers**, fondée le 28 octobre 1834, autorisée le 6 avril 1835 et *reconnue comme établissement d'utilité publique* le 14 octobre 1874.

Bulletin, 1ʳᵉ série, t. I, 1836; t. VII, 1852-1858, in-8°. — 2ᵉ série, t. I, 1859; t. XIV, 1886, in-8°.

Une table des *Bulletins* de la 1ʳᵉ série a paru en 1857.

Le Breviari d'amor de Matfre Ermengaud, suivi de sa lettre à sa sœur, publié par M. Gabriel Azaïs. (Béziers, 1861, 2 vol. in-8°.)

Béziers. (*Suite.*)

— **Société d'étude des sciences naturelles de Béziers**, fondée en 1875.

Bulletin, t. I, 1876; t. XI, 1886, in-8°.

— **Société littéraire et artistique de Béziers**, fondée en 1878 et autorisée le 26 juin de la même année.

Montpellier. — *Académie des sciences et lettres de Montpellier, fondée en 1706 sous le titre de *Société royale des sciences de Montpellier*, et ne formant, d'après les lettres patentes d'organisation du mois de février 1706, qu'un *seul et même corps* avec l'Académie des sciences de Paris; supprimée en 1793; reconstituée en 1795 sous le nom de *Société libre des sciences et belles-lettres de Montpellier;* supprimée de nouveau en 1815, réorganisée le 7 décembre 1846 sous sa dénomination actuelle; autorisée le 28 mars 1847 et *reconnue comme établissement d'utilité publique* le 22 avril 1884.

I. La *Société royale des sciences* a publié, de 1706 à 1793, 2 volumes in-4° qui portent le titre d'*Histoire et Mémoires de la Société*. Le premier a été imprimé de 1764 à 1766; le second en 1768. Elle a fait également paraître 35 cahiers in-4° contenant le compte rendu de ses séances publiques et les mémoires couronnés dans les concours qu'elle avait institués.

D'après un des articles des lettres patentes de février 1706, la Société royale avait le droit et l'obligation d'envoyer tous les ans, à l'Académie des sciences de Paris, un mémoire pour être imprimé dans son recueil. Le nombre des mémoires ainsi envoyés par elle et insérés au recueil de l'Académie, de 1706 à 1790, est de 62. A ces 62 mémoires on peut en joindre d'autres qu'on trouve imprimés dans le recueil des savants étrangers de la même Académie.

II. La *Société libre des sciences et belles-lettres* a publié 6 volumes in-8° de *Mémoires,* de 1803 à 1815.

III. L'*Académie des sciences et lettres,* divisée en trois sections (médecine, sciences, lettres), a publié, depuis 1846, les volumes suivants :

Mémoires de la section de médecine, t. I, 1853; t. VI, 1886, in-4°.

Mémoires de la section des sciences, t. I, 1850; t. XI, 1886, in-4°.

Mémoires de la section des lettres, t. I, 1854; t. VII, 1886, in-4°.

Mémoires historiques et biographiques sur l'ancienne Société royale de Montpellier, par M. J. Castelnau. (Montpellier, 1858, in-4°.)

Procès-verbaux de la section des sciences, de 1847 à 1854, in-8°.

Compte rendu de la séance publique de l'année 1847, in-4°.

Rapport sur un projet d'association de l'Institut et des Académies de province. (Montpellier, 1858, in-4°.)

Rapport sur un projet, de M. le préfet de l'Hérault, d'établir, dans la salle du conseil général, une galerie des hommes célèbres du département, in-4°.

MONTPELLIER. (*Suite.*)

— **Société archéologique de Montpellier**, fondée le 23 septembre 1833 et autorisée le 29 novembre 1834.

Mémoires, t. I, 1835-1840; t. VIII, 1882-1884, in-4°.

Une table des *Mémoires* de la Société a paru au commencement du tome VIII.

Le petit Thalamus de Montpellier. (Montpellier, 1840, in-4°.)

Les coutumes de Perpignan, publiées par M. Massot. (Montpellier, 1848, in-4°.)

Catalogus episcoporum Magalonensium d'Arnaud de Verdale, publié par M. A. Germain. (Montpellier, 1881, in-4°.)

Liber instrumentorum memorialium. Cartulaire des Guillems de Montpellier. (Montpellier, 1884-1886, in-8°.)

— **Société des bibliophiles languedociens**, fondée le 5 juillet 1872.

Discours de la gloire de la France par Gariel, publié d'après le seul exemplaire paru de l'édition de Jacques Roussin, avec une introduction par M. A. Devars, in-8°.

L'entrée à Montpellier, le 18 juin 1617, de la duchesse de Montmorency, reproduction textuelle de la première édition, avec une introduction par M. le comte de Saint-Maur, in-8°.

Les gouverneurs anciens et modernes de la province de Languedoc par P. Gariel, ouvrage publié par M. Sainctyon, in-8°.

*Un projet gigantesque. L'industrie des draps et les relations de la province de Languedoc avec le Levant au XVIII*ᵉ* siècle*, édité d'après le manuscrit inédit par M. John Seeker, in-8°.

*Requête des enfants à naître contre les sages-femmes de Languedoc, facétie du XVIII*ᵉ* siècle*, publiée par M. Élie Fraisse, in-8°.

Maguelone suppliante par P. Gariel. Réimpression textuelle de la très rare édition de Montpellier, 1633, publiée par M. A. Devars, in-8°.

Recueil de pièces relatives au siège de Montpellier par Louis XIII, en 1622, publié par M. Alban d'Hort, in-8°.

Histoire de la ville de Montpellier par d'Aigrefeuille, complétée d'après les notes inédites de l'auteur, publiée par M. A. Germain, 4 vol. in-4°.

Les folies du sieur Le Sage, reproduction de l'édition de 1700, collationnée sur les textes de 1636, 1650 et 1725, et augmentée d'une notice par M. Aubert des Menils, in-8°.

— **Société des bibliophiles de Montpellier**, fondée en 1873.

L'entrée de Madame de Montmorency à Montpellier. Réimpression de l'édition originale de 1617, publiée par M. Gaudin. (Montpellier, 1873, in-8°.)

Les gouverneurs anciens et modernes du Languedoc par P. Gariel, reproduction de l'édition de 1669, par M. Gaudin. (Montpellier, 1874, in-8°.)

MONTPELLIER. (*Suite.*)

Le Harlan ou pillage et desmollissement des églises de Montpellier, d'après le seul exemplaire connu de l'édition de 1622, publié par M. Atger. (Montpellier, 1875, in-8°.)

Mémoires d'André Delort sur la ville de Montpellier au xvii° siècle, précédés d'une notice par M. Gaudin. (Montpellier, 1876-1878, 2 vol. in-8°.)

Histoire de la Cour des comptes, aides et finances de Montpellier par Pierre Serret, publiée sur le manuscrit original de Montpellier, par M. Gaudin. (Montpellier, 1878, in-8°.)

Mémoires de Jean Philippi touchant les choses advenues pour le faict de la religion à Montpellier et dans le bas Languedoc (1560-1600), publiés d'après le manuscrit de la Bibliothèque nationale, par M. Gaudin. (Montpellier, 1880, in-8°.)

Félix et Thomas Platter à Montpellier. Voyage et séjour de deux étudiants bâlois à Montpellier, au milieu et à la fin du xvi° siècle, traduit de l'allemand par M. Kieffer et annoté par M. Gaudin. (Montpellier, 1886-1887, 2 vol. in-8°.)

— **Société pour l'étude des langues romanes,** fondée en janvier 1869 et autorisée le 24 mai 1870.

Bulletin, t. I, 1869-1871; t. II, 1877, in-8°.

Revue des langues romanes, 1ʳᵉ série, t. I, 1870-1871; t. VIII, 1875, in-8°. — 2° série, t. I, 1876; t. VI, 1878, in-8°. — 3° série, t. I, 1879; t. XVI, 1886, in-8°.

Le concours philologique et littéraire de l'année 1875. (Montpellier, 1874, in-8°.)

Poètes catalans. Les noves rimades. La Codolada, par M. Milà y Fontanals. (Montpellier, 1875, in-8°.)

Proverbes du pays de Béarn, énigmes, contes populaires, par M. V. Lespy. (Montpellier, 1876, in-8°.)

Ordenansas et coustumas del libre blanc, par M. Noulet. (Montpellier, 1876-1878, in-8°.)

Les patois de la basse Auvergne, leur grammaire et leur littérature, par M. Henri Doniol. (Montpellier, 1876-1877, in-8°.)

Dictionnaire des idiomes romans du midi de la France, comprenant les dialectes du haut et du bas Languedoc, de la Provence, de la Gascogne, du Béarn, du Quercy, du Rouergue, du Limousin, du bas Limousin et du Dauphiné, par M. Gabriel Azaïs. (Montpellier, 1877, 3 vol. in-8°.)

Las nonpareillas receptas, publiées par M. Noulet. (Montpellier, 1878, in-8°.)

Turpini historia Karoli Magni et Rotholandi, publiée par M. Castets. (Montpellier, 1879, in-8°.)

Mémoires ou livre de raison d'un bourgeois de Marseille, publiés par M. Thénard. (Montpellier, 1880, in-8°.)

Il Fiore, poème italien inédit, publié par M. Castets. (Montpellier, 1881, in-8°.)

MONTPELLIER. (*Suite.*)

Mereio, traduite en prose dauphinoise, par M. Rivière. (Montpellier, 1882, in-8°.)

Le livre de l'Épervier, cartulaire de la commune de Millau, publié par M. L. Constans. (Montpellier, 1882, in-8°.)

Verses bezieirencs, par M. J. Azaïs. (Montpellier, 1884, in-8°.)

Deux manuscrits provençaux du XIVᵉ siècle, publiés par MM. Noulet et Chabaneau. (Sous presse.)

Le roman de Galerent, poème français du XIIIᵉ siècle, publié par M. A..Boucherie. (Sous presse.)

La vie des poètes provençaux par Jean de Nostredame, nouvelle édition publiée par M. Chabaneau. (Sous presse.)

Poésies d'Octavien Bringuier. (Sous presse.)

Contes populaires piémontais, publiés par M. Pitré. (Sous presse.)

— **Société languedocienne de géographie,** fondée en 1878.

Bulletin, t. I, 1878; t. IX, 1886, in-8°.

Congrès des Sociétés de géographie de France à Montpellier. (Montpellier, 1879, in-8°.)

— **Société d'horticulture et d'histoire naturelle de l'Hérault,** fondée en 1860 sous le titre de *Société d'horticulture et de botanique de l'Hérault.*

Annales, 1ʳᵉ série, t. I, 1860; t. VIII, 1868, in-8°. — 2ᵉ série, t. I, 1868; t. XVIII, 1886, in-8°.

— **Société de médecine et de chirurgie pratique de Montpellier,** fondée en 1838.

Journal, t. I, 1840; t. XVI, 1847, in-8°.

Comptes rendus annuels, in-8°.

— **Société médicale d'émulation de Montpellier,** fondée en 1850 et autorisée en 1851.

Comptes rendus, in-8°, formant 4 livraisons qui répondent aux années 1867-1874.

ILLE-ET-VILAINE.

RENNES. — **Société archéologique du département d'Ille-et-Vilaine,** fondée en 1844 et réorganisée le 12 février 1863.

Procès-verbaux, t. I, 1844-1858, in-8°.

Bulletin, t. I, 1859; t. XVII, 1886-1887, in-8°.

Rennes. (*Suite.*)

Inventaire des monuments mégalithiques du département d'Ille-et-Vilaine, par M. P. Bézier. (Rennes, 1883, in-8°.)

Supplément à l'inventaire des monuments mégalithiques du département d'Ille-et-Vilaine, par M. P. Bézier. (Rennes, 1886, in-8°.)

— **Société des sciences physiques et naturelles du département d'Ille-et-Vilaine**, fondée en 1860.

Mémoires, t. I, 1863-1865, in-8°.

INDRE-ET-LOIRE.

Tours. — *Société d'agriculture, sciences, arts et belles-lettres du département d'Indre-et-Loire**, fondée en 1761 sous la dénomination de *Société royale d'agriculture ;* remplacée en l'an vii par la *Société d'agriculture, arts et commerce ;* réorganisée le 22 décembre 1805 par sa réunion avec la *Société des sciences, arts et belles-lettres de Tours*, qui avait été fondée en l'an vi; autorisée en 1806 et *reconnue comme établissement d'utilité publique* le 1er décembre 1885.

Recueil des délibérations et des mémoires de la Société royale d'agriculture de la généralité de Tours pour l'année 1761. (Tours, 1763, in-8°.)

Recueil des séances publiques, n° 1, 1803; n° 10, 1806-1810, in-8°.

Annales, 1re série, t. I, 1821; t. XL, 1861, in-8°. — 2e série, t. XLI, 1862; t. XLV, 1886, in-8°.

Une table des articles contenus dans les *Annales*, de 1821 à 1845 inclusivement, a été publiée par M. de Sourdeval en 1846.

Flore complète d'Indre-et-Loire. (Tours, 1833, in-8°.)

Tableau de la province de Touraine (1762-1766). Administration, agriculture, industrie, commerce, impôts, publié par M. l'abbé Chevalier. (Tours, 1863, in-8°.)

Les mouvements de l'atmosphère au point de vue de la prévision du temps, par M. de Tastes. (Tours, 1871-1879, in-8°.)

Étude historique et littéraire sur Messire Castellneau de Mauvissière, par M. l'abbé Juteau. (Tours, 1874, in-8°.)

Étude historique et littéraire sur Roland Brisset, sieur du Sauvage, par M. Auguste Chauvigné. (Tours, 1883, in-8°.)

Histoire des corporations d'arts et métiers de Touraine, par M. Auguste Chauvigné. (Tours, 1884, in-8°.)

— **Société des amis des arts de la Touraine**, fondée et autorisée le 15 février 1881.

Tours. (*Suite.*)

— *Société archéologique de Touraine, fondée en 1840, autorisée le 18 octobre de la même année et *reconnue comme établissement d'utilité publique* le 10 juin 1872.

Mémoires, t. I, 1842; t. XXXIII, 1885, in-8°.

Une table des 14 premiers volumes des *Mémoires* a paru dans le tome XV en 1864.

Bulletin, t. I, 1868; t. VII, 1886, in-8°.

Chroniques de Touraine, par M. André Salmon. (Tours, 1854, in-8°.)

Supplément aux chroniques de Touraine, par M. André Salmon. (Tours, 1856, in-8°.)

Recherches historiques et archéologiques sur les églises romanes en Touraine du VI au XI siècle, par M. l'abbé Bourassé et M. l'abbé Chevalier. (Tours, 1869, in-4°.)

Monographie de l'église de Saint-Clément de Tours, par M. Léon Palustre, précédée d'une notice historique par M. Léon Lhuillier. (Tours, 1886, in-4°.)

— Société des architectes de la Touraine, fondée en 1881.

— Société de géographie de Tours, fondée et autorisée le 27 mai 1884.

Revue, t. I; t. III, 1886, in-8°.

Annuaire annuel, in-8°.

Carte hypsométrique du département d'Indre-et-Loire, par M. J. Bardet.

— Société médicale d'Indre-et-Loire, fondée et autorisée le 19 janvier 1801.

Précis de la constitution médicale, 1806-1832, in-8°.

Recueil des travaux, trimestriel et formant une 2ᵉ série depuis 1833, in-8°.

ISÈRE.

Grenoble. — Académie delphinale, fondée en 1772 sous le nom de *Société littéraire* et autorisée en mars 1789. Pendant la Révolution, elle a successivement porté les noms de *Société d'amis des sciences, arts et belles-lettres de la commune de Grenoble*, de *Lycée* et de *Société des sciences et arts;* le 7 juin 1844, elle a repris son titre actuel.

Mémoires de la Société littéraire de Grenoble, t. I, 1787; t. III, 1789, in-4°.

L'ancienne *Académie delphinale* a publié un fascicule, 1790, in-4°. La *Société des amis des sciences, arts et belles-lettres* et le *Lycée des sciences et arts* ont publié 5 fascicules in-8° en l'an IV, l'an VIII, l'an X, en 1806 et 1811.

GRENOBLE. (*Suite.*)

Bulletin de l'Académie delphinale, 1ʳᵉ série, t. I, 1846; t. V, 1857, in-8°. — 2ᵉ série, t. I, 1861; t. III, 1864-1865, in-8°. — 3ᵉ série, t. I, 1866; t. XX, 1885, in-8°.

Documents inédits relatifs au Dauphiné. Cette collection se compose actuellement de 3 volumes, savoir :

> *Cartulaires du prieuré de Saint-Robert de Cornillon et de l'ancienne chartreuse des Écouges*, publiés par M. l'abbé Auvergne. (Grenoble, 1865, in-8°.)

> *Cartulaire de l'église et de la ville de Die; nécrologe de Saint-Robert de Cornillon; hagiologe et chroniques de Vienne; chronique de Valence; cartulaire dauphinois de l'abbaye de Saint-Chaffre; pouillés des diocèses de Vienne, Valence, Die et Grenoble*, publiés par M. l'abbé Ulysse Chevalier. (Grenoble, 1868, in-8°.)

> *La topographie militaire de la frontière des Alpes*, par M. de Montannel, éditée par les soins de M. A. de Rochas d'Aiglun. (Grenoble, 1875, in-8°.)

— **Société de pharmacie du Dauphiné et de la Savoie.**

Bulletin annuel, in-8°.

— **Société des sciences naturelles du Sud-Est,** fondée en juillet 1881 et autorisée le 8 septembre de la même année.

— ***Société de statistique, des sciences naturelles et des arts industriels de l'Isère,** fondée en 1838 et *reconnue comme établissement d'utilité publique* le 16 mars 1874.

Bulletin, 1ʳᵉ série, t. I, 1840; t. IV, 1848, in-8°. — 2ᵉ série, t. I, 1851; t. VII, 1864, in-8°. — 3ᵉ série, t. I, 1867; t. XIII, 1884-1886, in-8°.

— **Société des touristes du Dauphiné,** fondée en 1875.

Annuaire, t. I, 1875; t. XII, 1886, in-8°.

Bulletin-indicateur des guides, porteurs, voitures, hôtels, auberges et refuges. (Grenoble, 1877, in-8°.)

Règlement et tarif des guides et porteurs de la Société. (Grenoble, 1885, in-8°.)

JURA.

LONS-LE-SAUNIER. — **Société d'émulation du Jura,** fondée et autorisée en 1817.

Mémoires, 1ʳᵉ série, t. I, 1818; t. XXXII, 1874, in-8°. — 2ᵉ série, t. I, 1875; t. V, 1879, in-8°. — 3ᵉ série, t. I, 1880; t. VII, 1886, in-8°.

Histoire d'un village franc-comtois. Ménotey depuis l'époque gauloise jusqu'à la Révolution, par M. l'abbé Jacques. (Lons-le-Saunier, 1883, in-8°.)

Notice sur les anciens vitraux de l'église de Saint-Julien (Jura) et incidemment sur ceux de Notre-Dame de Brou (Ain), par MM. Bernard Prost et Louis Clos. (Lons-le-Saunier, 1885, in-4°.)

Poligny. — *Société d'agriculture, sciences et arts de Poligny, fondée et autorisée au mois de décembre 1859 et *reconnue comme établissement d'utilité publique* en 1869.

Bulletin, t. I, 1860; t. XXVII, 1886, in-8°.

LANDES.

Dax. — Société de Borda, fondée le 15 février 1876 et approuvée le 5 avril de la même année.

Bulletin, t. I, 1876; t. XI, 1886, in-8°.
Congrès scientifique tenu à Dax en 1882. (Dax, 1882, in-8°.)

LOIR-ET-CHER.

Blois. — Société des architectes de Loir-et-Cher, fondée en 1883.

— Société d'excursions artistiques de Loir-et-Cher, fondée en 1879.

Cette Société publie chaque année, depuis 1880, 3 ou 4 livraisons in-folio, avec planches.

Monographie du château de Blois. (Blois, 1883-1885, album in-fol.)

— Société d'histoire naturelle de Loir-et-Cher, fondée en 1881.

— Société des sciences et lettres de Loir-et-Cher, fondée au mois de décembre 1832, autorisée le 27 mai 1861, supprimée le 8 juillet 1862, reconstituée et autorisée le 17 octobre de la même année.

Mémoires, t. I, 1833; t. XI, 1886-1887, in-8°.
Le tome VIII des *Mémoires,* imprimé de 1870 à 1872, porte le titre de *Bulletin.*
Histoire du royal monastère de Saint-Laumer de Blois par dom Noël Mars, publiée par M. Dupré. (Blois, 1869, in-8°.)

Vendôme. — *Société archéologique, scientifique et littéraire du Vendômois, fondée le 1ᵉʳ janvier 1862, autorisée le 11 mars 1867 et *reconnue comme établissement d'utilité publique* le 15 mars 1877.

Bulletin, t. I, 1862; t. XXV, 1886, in-8°.
Le tome X contient une table des *Bulletins* que la Société a fait paraître de 1862 à 1871, et le tome XX renferme la table des *Bulletins* parus de 1872 à 1881.

LOIRE.

Montbrison. — *La Diana. Société historique et archéologique du Forez, fondée le 29 août 1862 et *reconnue comme établissement d'utilité publique* le 13 février 1869.

Procès-verbaux des séances, t. I, 1863; t. II, 1865, in-8°.

Bulletin, t. I, 1876-1881; t. III, 1885-1886, in-8°.

Recueil de mémoires et documents sur le Forez, t. I, 1873; t. VIII, 1885, in-8°.

Catalogue méthodique de la bibliothèque de la Diana, dressé par M. L. Gras. (Montbrison, 1865, in-8°.)

Comédie francoyse intitulée l'Enfer poétique publiée à Lyon en 1586 par Benoist Voron, recteur aux écoles de Saint-Chamond. (Montbrison, 1878, in-8°.)

Éloge de M. Victor de Laprade, de l'Académie française, par M. le vicomte de Meaux. (Montbrison, 1884, in-8°.)

Saint-Étienne. — Société d'agriculture, industrie, sciences, arts et belles-lettres du département de la Loire, fondée le 1ᵉʳ mai 1822 sous le nom de *Société d'agriculture, arts et commerce de l'arrondissement de Saint-Étienne;* remplacée par la *Société agricole et industrielle* de 1845 à 1856, reconstituée en 1856 sous son nom actuel et autorisée le 29 novembre de la même année.

Bulletin d'industrie agricole et manufacturière, t. I, 1823; t. XXVII, 1856, in-8°.

Le tome XXVII contient, p. 67, une table des matières contenues dans le *Bulletin*.

Annales, 1ʳᵉ série, t. I, 1857; t. XXIV, 1880, in-8°. — 2ᵉ série, t. I, 1881; t. V, 1885, in-8°. — 3ᵉ série, t. I, 1886, in-8°.

Catalogue des ouvrages relatifs au Forez et au département de la Loire, par MM. Chaverondier et Maurice. (Saint-Étienne, 1867-1884, 3 vol. in-8°.)

— Société de l'industrie minérale de Saint-Étienne, fondée le 29 avril 1855.

Bulletin trimestriel, 1ʳᵉ série, t. I, 1855; t. XV, 1870, in-8°, avec 15 atlas. — 2ᵉ série, t. I, 1872; t. XV, 1886, in-8°, avec 15 atlas.

Une table des articles contenus dans les 15 premiers volumes du *Bulletin* a paru en 1871.

Comptes rendus mensuels des séances, in-8°.

Ces fascicules paraissent régulièrement chaque mois depuis l'année 1872.

— Société de médecine de Saint-Étienne et de la Loire, fondée en décembre 1856.

Annales, t. I, 1857-1860; t. VIII, 1884, in-8°.

SAINT-ÉTIENNE. (*Suite.*)

— **Société des sciences naturelles et des arts de Saint-Étienne**, fondée en 1847.
Bulletin, t. I, 1850-1856, in-8°.

LOIRE (HAUTE-).

LE PUY. — **Société agricole et scientifique de la Haute-Loire**, fondée au mois de février 1878 sous le nom de *Société des amis des sciences, de l'industrie et des arts de la Haute-Loire*, et approuvée le 9 mars de la même année.

Mémoires et procès-verbaux, t. I, 1878; t. III, 1881-1882, in-8°.

— **Société d'agriculture, sciences, arts et commerce du Puy**, fondée en 1819 et autorisée le 15 octobre 1823.

Mémoires, instructions et notices, 1821, in-8°.

Annales, 1ʳᵉ série, t. I, 1826; t. XXXIII, 1877, in-8°. — 2ᵉ série, t. I, 1878; t. II, 1879-1880, in-8°.

Une table des articles contenus dans les *Annales* de la Société jusqu'en 1876 a été dressée par M. Gerbier.

Bulletin agronomique et industriel, t. I, 1836; t. V, 1847, in-8°.

Bulletin de la Commission des recherches historiques, 1859, in-8°.

Le livre de Podio ou Chroniques d'Étienne Médicis, bourgeois du Puy (1475-1565), publié par M. Augustin Chassaing. (Le Puy, 1869-1874, 2 vol. in-4°.)

Mémoires de Jean Burel, bourgeois du Puy (1560-1623), publiés par M. Augustin Chassaing. (Le Puy, 1875, in-4°.)

Mémoires d'Antoine Jacmon, bourgeois du Puy (1620-1650), publiés par M. Augustin Chassaing. (Le Puy, 1885, in-4°.)

LOIRE-INFÉRIEURE.

NANTES. — *Société académique de Nantes et de la Loire-Inférieure*, fondée le 18 août 1798 sous le nom d'*Institut départemental des sciences et arts*, qu'elle a conservé jusqu'en 1848; autorisée en 1817 et *reconnue comme établissement d'utilité publique* le 27 décembre 1877.

Mémoires, discours et rapports, de 1798 à 1808.

Séances publiques, de 1808 à 1829, formant 12 fascicules in-8°.

Annales, t. I, 1830; t. XLI, 1870, in-8°. — 5ᵉ série, t. I, 1871; t. IX, 1879, in-8°. — 6ᵉ série, t. I, 1880; t. VII, 1886, in-8°.

Une table alphabétique des noms d'auteurs et des matières contenues dans les publications de la Société, de 1798 à 1878 inclusivement, a été dressée en 1879 par M. Doucin.

Journal de médecine de l'Ouest, paraissant par livraisons trimestrielles depuis 1825.

NANTES. (Suite.)

— Société anatomique de Nantes, fondée en 1877.

Bulletin, t. I, 1877; t. VIII, 1884, in-8°.

— Société archéologique de Nantes et de la Loire-Inférieure, fondée le 9 août 1845, réorganisée et approuvée le 15 mai 1855.

Bulletin, t. I, 1859-1861; t. XXVI, 1886, in-8°.

Essai sur l'histoire de la ville et du comté de Nantes, par Gérard Mellier, maire de Nantes, trésorier de France, général des finances, subdélégué de l'intendance de Bretagne, manuscrit publié par M. Léon Maitre. (Nantes, 1872, in-8°.)

— Société des architectes de la Loire-Inférieure, fondée en 1846.

— Société des bibliophiles bretons et de l'histoire de Bretagne, fondée en 1877.

Bulletin, t. I, 1877-1878; t. IX, 1885-1886, in-8°.

Mélanges historiques, littéraires et bibliographiques, t. I, 1878; t. II, 1882, in-8°.

Œuvres françaises d'Olivier Maillard, publiées par M. Arthur de la Borderie. (Nantes, 1877, in-8°.)

L'imprimerie en Bretagne au xv⁰ siècle, par M. Arthur de la Borderie. (Nantes, 1878, in-8°.)

Documents sur l'histoire de la Révolution en Bretagne. La commission Brutus Magnier à Rennes, par M. Hippolyte de la Grimaudière. (Nantes, 1879, in-8°.)

Choix de documents inédits sur l'histoire de la Ligue en Bretagne, par M. Anatole de Barthélemy. (Nantes, 1880, in-8°.)

Le roman d'Aquin ou la conqueste de la Bretaigne par le roy Charlemaigne, publiée par M. F. Joüon des Longrais. (Nantes, 1880, in-8°.)

L'hôpital des Bretons à Saint-Jean-d'Acre au xiii⁰ siècle, par M. J. Delaville Le Roulx. (Nantes, 1880, in-8°.)

Chronique de Bretagne de Jean de Saint-Paul, chambellan du duc François II, publiée par M. Arthur de la Borderie. (Nantes, 1881, in-8°.)

Œuvres nouvelles de Paul des Forges Maillard, publiées par MM. Arthur de la Borderie et René Kerviler. (Nantes, 1882-1887, 2 vol. in-8°.)

Archives de Bretagne. (Nantes, 1884-1885, 3 vol. in-8°.)

Anthologie des poètes bretons au xvii⁰ siècle, par MM. Stephane Halgan, le comte de Saint-Jean, Olivier de Gourcuff et René Kerviler. (Nantes, 1884, in-8°.)

Le bombardement et la machine infernale des Anglais contre Saint-Malo. (Nantes, 1885, in-8°.)

— Société de géographie commerciale de Nantes, fondée en 1882.

Bulletin, t. I, 1883; t. IV, 1886, in-8°.

NANTES. (*Suite.*)

— Société industrielle de Nantes, fondée en 1830 et autorisée le 21 mai 1845.

Bulletin trimestriel, in-8°.

— Société nantaise de photographie, fondée en 1881.

Bulletin, t. I, 1881; t. VI, 1886, in-8°.

LOIRET.

ORLÉANS. — Académie de Sainte-Croix, fondée le 12 mai 1863 et autorisée le 5 novembre 1869.

Lectures et mémoires, t. I, 1872; t. V, 1885, in-8°.

— *Société d'agriculture, sciences, belles-lettres et arts d'Orléans, fondée le 18 avril 1807 en remplacement de l'ancienne *Académie des sciences, arts et belles-lettres,* disparue à la Révolution, autorisée le 18 mai suivant et *reconnue comme établissement d'utilité publique* le 5 mars 1875.

Bulletin de la Société des sciences physiques, de médecine et d'agriculture, t. I, 1810; t. VII, 1813, in-8°.

Annales de la Société des sciences, belles-lettres et arts, t. I, 1819; t. XIV, 1837, in-8°.

Mémoires, 1ʳᵉ série, t. I, 1837; t. X, 1852, in-8°. — 2ᵉ série, t. I, 1852; t. XXVI, 1886, in-8°.

Une table des articles contenus dans les 46 premiers volumes publiés par la Société, de 1810 à 1874, a été dressée par M. le Dᵉ Charpignon.

— Société des amis des arts d'Orléans, fondée le 19 novembre 1865.

— *Société archéologique et historique de l'Orléanais, fondée le 23 janvier 1848, autorisée en 1854 et *reconnue comme établissement d'utilité publique* le 8 février 1865.

Mémoires, t. I, 1851; t. XXI, 1886, in-8°, avec 9 atlas.

La seconde partie du tome XVI, qui renferme le *Cartulaire de Beaugency,* n'a pas encore paru.

Bulletin, t. I, 1848-1853; t. VIII, 1883-1886, in-8°.

Étude sur le Roman de la Rose. (Orléans, 1853, in-8°.)

Cartulaire de l'abbaye de Voisins, publié par M. Doinel. (Sous presse.)

— Société des architectes du Loiret, fondée en 1855.

ORLÉANS. (*Suite*.)

— **Société littéraire de l'Orléanais**, fondée en 1856.

Bulletin, t. I, 1856-1858, in-8°.

— **Société de pharmacie du Loiret.**

Bulletin annuel, in-8°.

LOT.

CAHORS. — **Société agricole et industrielle du département du Lot**, fondée en 1834.

Bulletin, t. I, 1836; t. LII, 1886, in-8°.

— **Société des études littéraires, scientifiques et artistiques du Lot**, fondée le 17 août 1872 et autorisée le 10 décembre suivant.

Bulletin, t. I, 1873; t. XI, 1886, in-8°.

Séances publiques, de 1872 à 1877, formant 4 fascicules in-8°.

LOT-ET-GARONNE.

AGEN. — *Société d'agriculture, sciences et arts d'Agen, fondée le 1er février 1784, autorisée le 5 juillet 1788 et reconnue comme établissement d'utilité publique le 9 janvier 1861.

Recueil des travaux, 1re série, t. I, 1804; t. IX, 1858-1859, in-8°. — 2e série, t. I, 1861-1863; t. IX, 1885, in-8°.

Il existe une table de la 1re série à la fin du tome IX.

Revue de l'Agenais, t. I, 1873; t. XIII, 1886, in-8°. — Cette revue est publiée sous la direction de la Société depuis l'année 1879.

Flore agenaise ou description méthodique des plantes observées dans le département de Lot-et-Garonne et dans quelques parties des départements voisins, par M. de Saint-Amans. (Agen, 1821, in-8°.)

— **Société des architectes du Sud-Ouest**, fondée en 1880.

— **Société agenaise de géographie**, fondée le 22 mars 1879.

— **Société du musée d'Agen**, fondée le 20 décembre 1877.

Catalogue du musée de la ville d'Agen. (Agen, 1880, in-8°.)

LOZÈRE.

MENDE. — *Société d'agriculture, industrie, sciences et arts du département de la Lozère, fondée le 28 octobre 1819, autorisée le 27 décembre de la même année et reconnue comme établissement d'utilité publique le 3 décembre 1856.

Mémoires, t. I, 1827; t. XVI, 1847-1849, in-8°.

Une table générale des *Mémoires* de la Société a été dressée par M. Ignon en 1850.

Bulletin, t. I, 1850; t. XXXVII, 1886, in-8°.

Il existe trois tables décennales des volumes publiés de 1850 à 1859, de 1860 à 1869, et de 1870 à 1879, in-8°.

En 1867, il a été publié une table de la partie historique, scientifique et littéraire, de 1827 à 1865, dressée par M. André.

MAINE-ET-LOIRE.

ANGERS. — Comité historique et artistique de l'Ouest, fondé en 1873.

Excursions en Touraine. (Angers, 1875, in-8°.)

Excursion en basse Bretagne. (Angers, 1876, in-8°.)

— Société académique de Maine-et-Loire, fondée le 28 janvier 1857 et autorisée le 6 février suivant.

Mémoires, t. I, 1857; t. XXXVIII, 1886, in-8°.

Une table méthodique des 30 premiers volumes, rédigée par M. Boreau, se trouve à la fin du tome XXX.

Procès-verbaux des séances, t. I, 1877-1879; t. II, 1880-1881, in-8°.

Inventaire bibliographique des ouvrages offerts à la Société, par M. Armand Parrot. (Angers, 1868, in-8°.)

— *Société nationale d'agriculture, sciences et arts d'Angers, autorisée le 25 juin 1831 et reconnue comme établissement d'utilité publique le 5 mai 1833.

Travaux du Comice agricole, t. I, 1838; t. V, 1855, in-8°.

Mémoires, 1re série, t. I, 1831-1834; t. VI, 1848-1849, in-8°. — 2e série, t. I, 1850; t. VIII, 1857, in-8°. — 3e série, t. I, 1858; t. XXVIII, 1886, in-8°.

Le tome XXVIII de la 3e série renferme une table générale des articles contenus dans les *Mémoires.*

Projet de statistique du département de Maine-et-Loire, par M. P. Millet. (Angers, 1832, in-8°.)

Angers. (*Suite.*)

Statistique de Maine-et-Loire : 1ʳᵉ partie, *Statistique naturelle*, par M. Desvaux. (Angers, 1834, in-8°.)

Statistique horticole de Maine-et-Loire. (Angers, 1842, in-8°.)

Statistique du département de Maine-et-Loire, par M. de Beauregard. (Angers, 1842, in-8°.) — Une nouvelle édition de ce volume a paru en 1850.

Souvenirs de l'exposition de peinture et sculptures anciennes de 1839, dessinés par M. P. Hawke. (Angers, 1840, in-8°.)

Souvenirs de l'exposition de 1842, dessinés par M. P. Hawke, avec une notice de M. Godard-Faultrier. (Angers, 1842, in-4°.)

Commission archéologique. Nouvelles archéologiques. (Angers, 1847-1855, in-8°.)

Répertoire archéologique de l'Anjou, par M. Célestin Port. (Angers, 1858-1869, 10 vol. in-8°.)

— **Société d'études scientifiques d'Angers**, fondée le 27 décembre 1871.

Bulletin, 1ʳᵉ série, t. I, 1871; t. XIV, 1884, in-8°. — 2ᵉ série, t. I, 1885; t. II, 1886, in-8°.

— **Société industrielle et agricole d'Angers**, fondée en février 1830 et autorisée le 4 novembre suivant.

Bulletin, t. I, 1830; t. LVII, 1886, in-8°.

Il a été dressé une table générale et analytique des 20 premiers volumes.

— **Société linnéenne de Maine-et-Loire**, fondée en 1852, a remplacé la *Société des botanistes chimistes*, qui a existé de 1777 à 1793, et la *Société des naturalistes*, fondée en 1798 et dissoute en 1830.

Annales, t. I, 1853; t. XVIII, 1886, in-8°.

— **Société de médecine d'Angers**, fondée en 1839.

Bulletin annuel in-8°.

— **Société de pharmacie de Maine-et-Loire**, fondée en 1873.

Bulletin, t. I, 1873; t. XIII, 1886, in-8°.

— **Société des vétérinaires de l'Ouest**, fondée en 1841 et autorisée le 26 avril de la même année.

Cholet. — **Société des sciences, lettres et beaux-arts de Cholet**, autorisée le 24 novembre 1880.

Bulletin, t. I, 1881-1882; t. V, 1886, in-4°.

MANCHE.

AVRANCHES. — Société d'archéologie, de littérature, sciences et arts d'Avranches, fondée le 16 juillet 1834 et autorisée le 9 avril 1836.

Mémoires, t. I, 1842; t. VII, 1885, in-8°.

Revue de l'Avranchin, paraissant par livraisons trimestrielles, t. I, 1882-1883; t. III, 1885-1886, in-8°.

CARENTAN. — Académie normande, fondée et autorisée le 8 février 1883.

Revue normande et parisienne, t. I, 1883; t. IV, 1886, in-8°.

Le livre d'or des poètes de l'Académie normande, t. I. (Carentan, 1886, in-12.)

CHERBOURG. — Société académique de Cherbourg, fondée le 14 janvier 1755, autorisée le 9 mars 1773 et réorganisée en 1810.

Mémoires, t. I, 1833; t. XIII, 1879, in-8°.

De 1755 à 1793, et de 1807 à 1833, cette Société n'a publié que des comptes rendus annuels et sommaires de ses travaux.

— *Société artistique et industrielle de l'arrondissement de Cherbourg, fondée en 1871 et reconnue comme établissement d'utilité publique en 1887.

Bulletin, t. I, 1876-1877; t. IX, 1885-1886, in-8°.

Stations préhistoriques de Bretteville près Cherbourg, par M. Henri Menut, in-8°.

Statistique départementale et communale de l'exposition de 1886, au point de vue scolaire et artistique. (Cherbourg, 1886, in-8°.)

— *Société nationale des sciences naturelles et mathématiques de Cherbourg, fondée le 30 décembre 1851, autorisée le 17 août 1852 et *reconnue comme établissement d'utilité publique* le 26 août 1865.

Mémoires, 1re série, t. I, 1851-1853; t. X, 1864, in-8°. — 2e série, t. I, 1865; t. X, 1876, in-8°. — 3e série, t. I, 1877-1878; t. IV, 1884, in-8°.

A la fin du tome X, M. Le Jolis a dressé une table méthodique et alphabétique des 10 volumes de la 1re série.

Une table semblable pour les 10 volumes de la 2e série (1865-1876) se trouve à la fin du tome XX.

Catalogue de la bibliothèque de la Société, par M. Le Jolis. (Cherbourg, 1870-1883, in-8°.)

Compte rendu de la séance extraordinaire tenue par la Société, le 30 décembre 1876, à l'occasion du 25e anniversaire de sa fondation. (Cherbourg, 1877, in-8°.)

COUTANCES. — Société académique du Cotentin, fondée le 22 février 1872 et autorisée au mois de juin de la même année.

Mémoires, t. I, 1875; t. IV, 1884, in-8°.

SAINT-LÔ. — **Société d'agriculture, d'archéologie et d'histoire naturelle du département de la Manche**, autorisée le 9 août 1836.

Notices, mémoires et documents, t. I, 1861 ; t. VI, 1885, in-8°.

Mémoires sur l'histoire du Cotentin et de ses villes, par Messire René Toustain de Billy. (Saint-Lô, 1860, in-8°.)

VALOGNES. — **Société archéologique, artistique, littéraire et scientifique de l'arrondissement de Valognes**, fondée le 7 novembre 1878 et autorisée le 31 décembre suivant.

Mémoires, t. I, 1879-1880; t. IV, 1885-1886, in-8°.

MARNE.

CHÂLONS-SUR-MARNE. — *****Société d'agriculture, commerce, sciences et arts du département de la Marne**, fondée le 18 août 1798 et *reconnue comme établissement d'utilité publique* le 31 août 1863.

Mémoires, formant chaque année 1 volume in-8°, depuis 1807.

REIMS. — **Académie champenoise**, fondée en 1886.

La Revue champenoise, recueil de poésies, paraissant par livraisons mensuelles, 1ʳᵉ année, 1886, in-8°.

— *****Académie nationale de Reims**, fondée le 15 mai 1841, autorisée le 6 décembre suivant et *reconnue comme établissement d'utilité publique* le 15 décembre 1846.

Annales, t. I, 1843; t. II, 1844, in-8°.

Travaux, t. I, 1844; t. LXXVII, 1884-1885, in-8°.

Une table générale des *Annales* et des *Travaux* de l'Académie, de 1841 à 1882, a été publiée par M. Henri Jadart en 1883 dans le 72ᵉ volume de la collection.

Histoire de la ville, cité et université de Reims, par dom Guillaume Marlot. (Reims, 1843-1846, 4 vol. in-4°.)

Histoire de l'église de Reims, par Flodoard, avec traduction par M. Lejeune. (Reims, 1854, 2 vol. in-8°.)

Chronique de Flodoard, avec traduction de M. Bandeville. (Reims, 1855, in-8°.)

Histoire des Gaules au Xᵉ siècle, par Richer, avec traduction par M. Poinsignon. (Reims, 1855, in-8°.)

Mémoires des choses plus notables advenues en la province de Champagne (1585-1598), publiés sur le manuscrit de la Bibliothèque nationale par M. Hérelle. (Reims, 1882, in-8°.)

Répertoire archéologique de l'arrondissement de Reims, publié par MM. Ch. Givelet, H. Jadart et L. Demaison, 1ᵉʳ fascicule. (Reims, 1885, in-8°.)

REIMS. (*Suite.*)

Inventaire des archives de l'Académie de Reims, depuis sa fondation (*1841-1886*), publié par M. H. Jadart. (Reims, 1887, in-8°.)

Documents inédits tirés de la bibliothèque de Reims, publiés sous la direction de M. Loriquet, savoir :

Journalier de J. Pussot. (Reims, 1858, in-8°.)

Correspondance de Babou de la Bourdaisière, ambassadeur à Rome. (Reims, 1859, in-8°.)

Correspondance du duc de Mayenne. (Reims, 1860-1864, 2 vol. in-8°.)

Mémoires de Oudard Coquault, bourgeois de Reims (1649-1668). (Reims, 1875, 2 vol. in-8°.)

— Cercle pharmaceutique de la Marne.

Comptes rendus annuels, in-8°.

— Société des architectes de la Marne, fondée en 1875.

— *Société industrielle de Reims, fondée en 1833 et reconnue comme établissement d'utilité publique le 17 novembre 1861.

Bulletin, t. I, 1858; t. XIII, 1886, in-8°.

Cours d'économie politique, par M. Cadet. (Reims, 1868, in-8°.)

Cours d'hygiène, par MM. les docteurs Doyen, Brébant, A. et H. Henrot.

Compte rendu de l'Exposition universelle de 1867, par M. Gauzentes. (Reims, 1868, in-8°.)

Cours de matières premières, par M. Gauzentes. (Reims, 1868-1870, 2 vol. in-8°.)

VITRY-LE-FRANÇOIS. — Société des sciences et arts de Vitry-le-François, fondée le 27 février 1861 et autorisée le 12 novembre 1866.

Bulletin, t. I, 1867; t. XII, 1882, in 8°.

L'élection de Vitry-le-François, manuscrit de M. de Vaveray. (Tours, 1877-1878, in-4°.)

L'invasion allemande en 1544. Fragments d'une histoire militaire et diplomatique de l'expédition de Charles-Quint, par M. Charles Paillard, publiés par M. G. Hérelle. (Paris, 1884, in-8°.)

MARNE (HAUTE-).

CHAUMONT. — Société des architectes de la Haute-Marne, fondée en 1868.

LANGRES. — *Société historique et archéologique de Langres, fondée le 21 mai 1836, autorisée le 17 juillet suivant et reconnue comme établissement d'utilité publique le 24 décembre 1859.

Mémoires, t. I, 1846-1860; t. III, 1877-1885, in-4°.

LANGRES. (Suite.)

Bulletin, t. I, 1872-1877; t. II, 1877-1886, in-8°.

Essai sur l'histoire et la généalogie des sires de Joinville (1008-1386), par M. J. Simonnet. (Langres, 1876, in-8°.)

Cartulaire du prieuré de Saint-Étienne de Vignory, publié par M. J. d'Arbaumont.
(Langres, 1882, in-8°.)

SAINT-DIZIER. — Société des lettres, des sciences, des arts, de l'agriculture et
de l'industrie de Saint-Dizier, fondée et autorisée au mois de janvier 1880.

Mémoires, t. I, 1880-1881; t. IV, 1885-1886, in-8°.

MAYENNE.

CHÂTEAU-GONTIER. — Société médicale de Château-Gontier, fondée en 1833 et
autorisée le 1er octobre 1838.

LAVAL. — Commission historique et archéologique de la Mayenne, instituée le
17 janvier 1878.

Procès-verbaux et documents, t. I, 1878-1879; t. IV, 1884-1885, in-8°.

— Société des arts réunis de la Mayenne, fondée en 1873.

Catalogue des expositions de tableaux et œuvres d'art organisées à Laval en 1874,
1875, 1876, 1879 et 1886, 5 broch. in-8°.

— *Société de l'industrie de la Mayenne, fondée en 1850, autorisée le 11 février 1851 et reconnue comme établissement d'utilité publique le 30 mars 1854.

Bulletin, t. I, 1853; t. IV, 1867, in-8°.

Compte rendu de l'exposition ouverte à Laval le 1er septembre 1852. (Laval, 1853,
in-8°.)

— Société météorologique de Laval, reconstituée le 19 octobre 1878.

MAYENNE. — Société d'archéologie, sciences, arts et belles-lettres de Mayenne,
fondée le 5 octobre 1864 et autorisée le 12 juillet 1865.

Bulletin, t. I, 1865, in-4°.

MEURTHE-ET-MOSELLE.

BRIEY. — Société d'archéologie et d'histoire de Briey, fondée en 1871 et sié-
geant précédemment à Metz.

Bulletin, t. I, 1858; t. XII, 1869, in-8°.

Mémoires, t. I, 1858; t. XIII, 1874, in-8°.

— 58 —

NANCY. — *Académie de Stanislas, fondée le 28 décembre 1750 sous le nom de *Société royale des sciences et belles-lettres de Nancy,* supprimée en 1793, reconstituée le 20 juillet 1802; prend son titre actuel en 1852 et est reconnue comme établissement d'utilité publique le 21 juin 1864.

Mémoires, 1re série, t. I, 1754; t. IV, 1759, in-8°. — 2e série, t. I, 1803; t. XIV, 1832, in-8°. Cette série a été publiée sous le titre de *Précis des travaux.* — 3e série, t. I, 1833; t. XXXV, 1850, in-8°. — 4e série, t. I, 1851; t. XV, 1882, in-8°. — 5e série, t. I, 1883; t. IV, 1886, in-8°.

Une table alphabétique des matières et des noms d'auteurs contenus dans les trois premières séries des *Mémoires* de l'Académie de Stanislas (1750-1866) a été publiée par M. Simonin en 1870.

— *Société d'archéologie lorraine et du musée historique lorrain, fondée le 28 octobre 1848 sous le titre de *Société d'archéologie lorraine* et reconnue comme établissement d'utilité publique le 9 janvier 1861.

Mémoires, 1re série, t. I, 1850; t. VIII, 1858, in-8°. Cette 1re série a été publiée sous le titre de *Bulletins.* — 2e série, t. I, 1859; t. XIV, 1872, in-8°. — 3e série, t. I, 1873; t. XIV, 1886, in-8°.

Une table des 22 premiers volumes des *Mémoires,* préparée par M. A. Benoit, revue et complétée par MM. Ch. Laprévote et H. Lepage, a été publiée séparément en 1874.

Journal, t. I, 1852; t. XXXV, 1886, in-8°.

Une table des 16 premiers volumes du *Journal* a été publiée dans le t. XVII et la table des 10 volumes parus de 1868 à 1877 a été insérée dans le t. XXVI.

Inauguration de la galerie des Cerfs au palais ducal de Nancy, le 20 mai 1862. (Nancy, 1862, in-8°.)

Recueil de documents sur l'histoire de Lorraine. — Cette collection se compose des volumes suivants :

La généalogie ducale de Lorraine, d'après les titres de l'église de Saint-Dié, publiée par M. Beaupré; — *Pièces historiques diverses concernant la Lorraine,* publiées par M. H. Lepage; — *Mémoire présenté aux États de la Ligue, par le duc de Lorraine Charles III, en 1593,* publié par M. A. Digot. (Nancy, 1855, in-8°.)

Relation de la guerre des Rustauds, par Nicole Volcyr. Réimpression de l'édition de Paris de 1526. (Nancy, 1856, in-8°.)

Inventaire des titres enlevés de la Mothe, en 1634, publié par M. H. Lepage. (Nancy, 1858, in-8°.)

Journal de Pierre Vuarin, garde-notes à Étain (1587-1666); — L'origine de bataille et chevalerie, poème inédit par Émond du Boullay, héraut d'armes de Lorraine; — Mémoire concernant les États de Lorraine et du Barrois, dressé en 1697 par M. de Vaubourg des Marêts. (Nancy, 1858, in-8°.)

La Chronique de Lorraine, publiée par M. l'abbé Marchal. (Nancy, 1859, in-8°.)

NANCY. (Suite.)

Documents inédits sur la guerre des Rustauds, publiés par M. H. Lepage. (Nancy, 1861, in-8°.)

Voyage de dom Thierry Ruinart en Lorraine et en Alsace, publié par M. l'abbé Marchal. (Nancy, 1862, in-8°.)

Pouillé du diocèse de Toul, rédigé en 1402, publié par M. H. Lepage. (Nancy, 1863, in-8°.)

Lettres et instructions de Charles III, duc de Lorraine, relatives aux affaires de la Ligue, publiées par M. H. Lepage. (Nancy, 1864, in-8°.).

Lettres d'Élisabeth-Charlotte d'Orléans, duchesse de Lorraine, à la marquise d'Aulède (1715-1738), publiées par M. A. de Bonneval. (Nancy, 1865, in-8°.)

Pièces originales sur la guerre de Trente ans en Lorraine, jusqu'à la destruction de la Mothe (1632-1645), publiées par M. J. Schmit. (Nancy, 1866-1868, 3 vol. in-8°.)

Journal de dom Cassien Bigot, prieur de l'abbaye de Longeville, près Saint-Avold, publié par M. l'abbé Marchal. (Nancy, 1869, in-8°.)

Les offices des duchés de Lorraine et de Bar et la maison des ducs de Lorraine, par MM. H. Lepage et A. de Bonneval. (Nancy, 1869, in-8°.)

Dénombrement du duché de Lorraine, en 1594, par le président Alix, publié par MM. H. Lepage et A. de Bonneval. (Nancy, 1870, in-8°.)

— **Société de géographie de l'Est**, fondée et autorisée le 7 janvier 1879.

Bulletin, t. I, 1879; t. VIII, 1886, in-8°.

Album de croquis de voyages. (Nancy, 1883-1886, in-8°.)

— **Société industrielle de l'Est**, fondée en 1883.

Bulletin, t. I, 1884-1886, in 8°.

— **Société de médecine de Nancy**, fondée le 8 octobre 1842 et autorisée en 1844.

Comptes rendus et mémoires, t. I, 1842; t. XLVIII, 1884-1885, in-8°.

— **Société de pharmacie de Lorraine**, autorisée le 12 mai 1875.

— **Société des sciences de Nancy** (ancienne Société des sciences naturelles de Strasbourg, fondée le 6 décembre 1828), autorisée le 15 juillet 1873.

Mémoires de la Société des sciences naturelles de Strasbourg, t. I, 1830; t. VI, 1870, in-4°.

Bulletin de la Société des sciences naturelles de Strasbourg, publié par livraisons mensuelles, de 1866 à 1870, in-8°.

Bulletin de la Société des sciences de Nancy, t. I, 1873; t. VIII, 1885-1886, in-8°.

NANCY. (*Suite.*)

— **Société scientifique et littéraire de la jeunesse de Nancy**, autorisée le 17 février 1881.

PONT-À-MOUSSON. — **Société philotechnique de Pont-à-Mousson**, fondée en 1874.

Mémoires, t. I, 1874; t. II, 1878, in-8°.

MEUSE.

BAR-LE-DUC. — **Société des lettres, sciences et arts de Bar-le-Duc**, fondée le 12 janvier 1870 et autorisée le 8 mars de la même année.

Mémoires, 1ʳᵉ série, t. I, 1871; t. X, 1881, in-8°. — 2ᵉ série, t. I, 1882; t. V, 1886, in-8°.

— **Société du musée de Bar-le-Duc**, fondée en 1865.

Bulletin, t. I, 1867, in-8°.

— **Société de géographie de l'Est. Section meusienne**, fondée en 1883.

Séance d'inauguration et catalogue de l'exposition géographique de Bar-le-Duc en 1883, 2 broch. in-8°.

VERDUN. — **Société philomathique de Verdun*, fondée le 1ᵉʳ octobre 1822, autorisée le 25 mai 1834 et *reconnue comme établissement d'utilité publique* le 4 avril 1860.

Mémoires, t. I, 1840; t. IX, 1884, in-8°. Un atlas est joint au tome III.

Archéologie de la Meuse. Description des voies anciennes et des monuments aux époques celtique et gallo-romaine, par M. Félix Liénard. (Verdun, 1881-1885, 3 vol. in-fol.) — Un atlas est joint à chaque volume.

MORBIHAN.

LORIENT. — **Société bretonne de géographie**, fondée en 1882 et autorisée le 30 mai de la même année.

Bulletin, t. I, 1882; t. V, 1886, in-8°.

VANNES. — **Société polymathique du Morbihan*, fondée le 29 mai 1826, autorisée le 18 novembre 1831 et *reconnue comme établissement d'utilité publique* le 5 juillet 1877.

Comptes rendus, 7 livraisons, 1827-1833, in-8°.

Bulletin, t. I, 1857; t. XXIX, 1886, in-8°.

VANNES. (*Suite.*)

Catalogue des minéraux du Morbihan. (Vannes, 1866, in-8°.)
Catalogue des mollusques du Morbihan. (Vannes, 1867, in-8°.)
Catalogue des plantes phanérogames du Morbihan. (Vannes, 1867, in-8°.)
Catalogue des mammifères, oiseaux, reptiles du Morbihan. (Vannes, 1867, in-8°.)
Catalogue des lépidoptères du Morbihan. (Vannes, 1873, in-8°.)

NIÈVRE.

CLAMECY. — **Société scientifique et artistique de Clamecy**, fondée en 1876 et autorisée le 18 novembre de la même année.

Bulletin, t. I, 1876-1879; t. II, 1880-1881, in-8°.

NEVERS. — **Société académique du Nivernais**, fondée en 1884 et autorisée le 1er février de la même année.

Mémoires, t. I, 1886, in-4°.

— **Société des architectes de la Nièvre**, fondée en 1876.

— **Société nivernaise des lettres, sciences et arts**, fondée le 8 juin 1851 et autorisée le 23 septembre 1854.

Bulletin, 1re série, t. I, 1851; t. II, 1856, in-8°. — 2e série, t. I, 1863; t. VIII, 1880, in-8°. — 3e série, t. I, 1883; t. II, 1886, in-8°.
Monographie de la cathédrale de Nevers, par Mgr Crosnier. (Nevers, 1854, in-8°.)
Hagiologie nivernaise, par Mgr Crosnier. (Nevers, 1858, in-8°.)
Sacramentarium ad usum ecclesiæ Nivernensis. (Nevers, 1873, in-4°.)
Droits et privilèges de la commune de Nevers, par M. Crouzet. (Nevers, 1858, in-8°.)
La faïence, les faïenciers et les émailleurs de Nevers, par M. L. du Broc de Ségange. (Nevers, 1863, in-4°.)
Dictionnaire topographique du département de la Nièvre, par M. le comte de Soultrait. (Nevers, 1865, in-4°.)
Inventaire des titres de Nevers de l'abbé de Marolles, par M. le comte de Soultrait. (Nevers, 1873, in-4°.)
Répertoire archéologique du département de la Nièvre, par M. le comte de Soultrait. (Paris, 1875, in-4°.)
Armorial du Nivernais, par M. le comte de Soultrait. (Nevers, 1879, 2 vol. in-8°.)
Cartulaire de la Charité, publié par M. René de Lespinasse. (Sous presse.)

VARZY. — **Société historique, littéraire et agricole de Varzy**, fondée en 1857 et autorisée le 6 avril de la même année.

— **Société protectrice de la bibliothèque et du musée de Varzy**.

NORD.

Avesnes. — **Société archéologique de l'arrondissement d'Avesnes**, fondée et autorisée en 1851.

> *Mémoires*, t. I, 1864; t. IV, 1886, in-8°.

— **Société de géographie de l'arrondissement d'Avesnes**, fondée en 1882.

> Cette Société publie ses travaux dans le *Bulletin de l'Union géographique du nord de la France*, dont le siège est à Douai.

Bergues. — **Société de l'histoire et des beaux-arts de la Flandre maritime de France**, autorisée le 28 février 1856.

> *Mémoires*, t. I, 1857; t. II, 1858, in-8°.

Cambrai. — **Société d'émulation de Cambrai**, fondée le 10 octobre 1804 et autorisée en 1819.

> *Rapport* sur les premiers travaux de la Société, brochure publiée en 1806, réimprimée en 1847, in-8°.
>
> *Mémoires*, t. I, 1808; t. XLI, 1886, in-8°. Les tomes XVII, XIX, XXVII, XXVIII, XXX, XXXI et XXXIII se composent chacun de 2 volumes. Aux tomes XXIII, XXIV, XXV, XXVI, XXVII, XXIX, XXXI et XXXII sont joints les procès-verbaux qui forment, pour chacune des années auxquelles correspondent les tomes, une brochure à part. Au tome XXVII est joint un album in-4° de 19 planches.
>
> La 1re partie du tome XXVIII contient, p. 411, la table générale des volumes de *Mémoires* précédents; elle a été dressée par M. A. Wilbert. Cette table a été continuée dans le tome XXXIV par M. A. Durieux.
>
> *Chronique d'Arras et de Cambrai, par Balderic, chantre de Thérouanne au XIe siècle.* (Cambrai, 1834, in-8°.)
>
> *Compte rendu du Congrès des agriculteurs du Nord*, tenu à Cambrai du 5 au 10 novembre 1845. (Cambrai, 1846, in-8°.)

— **Société de géographie de Cambrai**, fondée en 1881.

> Cette Société publie ses travaux dans le *Bulletin de l'Union géographique du nord de la France*, dont le siège est à Douai.

Douai. — ***Société centrale d'agriculture, sciences et arts du département du Nord**, fondée le 27 avril 1799 et *reconnue comme établissement d'utilité publique* le 11 juillet 1829.

> *Mémoires*, 1re série, t. I, 1826; t. XIII, 1848-1849, in-8°. — 2e série, t. I, 1849-1851; t. XV, 1878-1880, in-8°. — 3e série, t. I, 1881-1883, in-8°.
>
> A la fin du tome XII de la 1re série se trouve une table de la 1re série des *Mémoires*.

DOUAI. (*Suite.*)

Bulletin agricole, t. I, 1849-1850; t. XI, 1882-1886, in-8°.

Souvenirs de la Flandre wallonne, recherches historiques et choix de documents relatifs à Douai et aux anciennes provinces du nord de la France, 1ʳᵉ série, t. I, 1861; t. XX, 1880, in-8°. — 2° série, t. I, 1881; t. IV, 1884, in 8°.

Recueil d'actes des xii° et xiii° siècles, en langue romane wallonne du nord de la France, publié par M. Tailliar. (Douai, 1849, in-8°.)

Catalogue des livres de la bibliothèque de la Société. (Douai, 1841, in-8°.)

— **Société des amis des arts de Douai**, fondée en 1821.

— **Société médicale de Douai**, fondée en 1804.

— **Union géographique du nord de la France**, fondée en 1880.

Bulletin, t. I, 1880; t. VII, 1886, in-8°.

DUNKERQUE. — *Société dunkerquoise pour l'encouragement des sciences, des lettres et des arts**, fondée et autorisée en 1851 et *reconnue comme établissement d'utilité publique* le 13 février 1883.

Mémoires, t. I, 1853; t. XXIII, 1884, in-8°.

Bulletin, t. I, 1852, in-8°.

— **Société de géographie de Dunkerque.**

Cette Société publie ses travaux dans le *Bulletin de l'Union géographique du nord de la France*, dont le siège est à Douai.

LILLE. — **Association lilloise pour l'encouragement des lettres et des arts dans le département du Nord**, autorisée le 17 septembre 1836.

Travaux, t. I, 1836, in-8°.

Rapports, 1837 et 1838, in-8°.

Catalogue de l'exposition de peinture de 1838, in-8°.

— **Association philotechnique du Nord**, fondée le 28 novembre 1880.

— **Comité flamand de France**, fondé le 10 avril 1853.

Annales, t. I, 1854; t. XIV, 1877-1883, in-8°.

Bulletin, t. I, 1857-1859; t. VI, 1872-1873, in-8°.

Une table de ces 6 volumes se trouve dans le tome VI, p. 489.

— **Commission historique du Nord**, fondée le 14 novembre 1839.

Bulletin, t. I, 1843; t. XVII, 1886, in-8°.

Statistique archéologique du département du Nord. (Lille, 1867, 2 vol. in-8°.)

Documents inédits concernant l'histoire de l'art avant le xv° siècle, publiés par M. l'abbé Dehaisnes. (Lille, 1886, 3 vol. in-4°.)

LILLE. (*Suite.*)

— **Société des architectes du département du Nord**, autorisée le 3 novembre 1868.

> *Bulletin*, t. I, 1868; t. XVII, 1884 1885, in-8°.

— **Société de géographie de Lille**, fondée le 1er janvier 1881.

> *Bulletin*, t. I, 1882; t. V, 1886, in-8°.

— **Société géologique du Nord**, fondée en 1870 et autorisée le 3 juillet 1871.

> *Annales*, t. I, 1870-1871; t. XIII, 1885-1886, in-8°.
> *Mémoires*, t. I, 1876; t. II, 1882, in-4°.

— *** Société industrielle du nord de la France**, fondée en 1873 et *reconnue comme établissement d'utilité publique* le 12 août 1874.

> *Bulletin* trimestriel, t. I, 1873; t. XIV, 1886, in-8°.
> *Annuaire* annuel, in-8°.

— **Société centrale de médecine du département du Nord**, fondée en 1845 et autorisée en 1846.

> *Bulletin médical du Nord*, 1re série, t. I, 1846; t. VIII, 1853, in-8°. — 2e série, t. I, 1860; t. XXV, 1886, in-8°.

— *** Société des sciences, de l'agriculture et des arts de Lille**, fondée le 31 décembre 1802 sous le titre de *Société d'amateurs des sciences et arts de Lille*, autorisée le 11 février 1803 et *reconnue comme établissement d'utilité publique* le 13 décembre 1862.

> *Séances publiques*, 1802-1819, 5 cahiers, in-8°.
> *Mémoires*, 1re série, t. I, 1819; t. XXX, 1853, in-8°. — 2e série, t. I, 1854; t. X, 1863, in-8°. — 3e série, t. I, 1864; t. XIV, 1874, in-8°. — 4e série, t. I, 1875; t. XIV, 1886, in-8°.
> *Notices agricoles*, t. 1, 1838; t. XI, 1852, in-8°.
> *Inventaire analytique et chronologique des archives de la Chambre des comptes à Lille*. (Lille, 1865, in-4°.)
> *Catalogue du musée archéologique et numismatique de la ville de Lille*. (Lille, 1860, in-8°.)
> *Œuvres complètes du trouvère Adam de la Halle*, publiées par M. E. de Coussemaker. (Paris, 1882, in-4°.)
> *Catalogue de la bibliothèque de la Société*, in-8°.

—— **Société des sciences médicales de Lille**, fondée en 1882.

> *Mémoires*, t. I, 1832; t. V, 1886, in-8°.

ROUBAIX. — **Société d'émulation de Roubaix**, fondée en 1868.

Mémoires, 1re série, t. I, 1868-1869; t. VII, 1883-1884, in-8°. — 2° série, t. I, 1885, in-8°.

Sources de l'histoire de Roubaix, publiées par M. Leuridán. (Roubaix, 1882, in-8°.)

VALENCIENNES. — **Société d'agriculture, sciences et arts de l'arrondissement de Valenciennes*, fondée en 1831, autorisée en 1848 et *reconnue comme établissement d'utilité publique* le 12 juin 1851.

Mémoires, t. I, 1833; t. IX, 1849, in-8°.

Revue agricole, industrielle, littéraire et artistique, t. I, 1849; t. XXXIX, 1886, in-8°.

Comptes rendus des travaux et des finances de la Société, 1846-1856, broch. in-8°.

Topographie historique et médicale de Valenciennes, par M. A. Stiévenart. (Valenciennes, 1846, in-8°.)

Congrès des agriculteurs du nord de la France, tenu à Valenciennes en 1852. (Valenciennes, 1852, in-8°.)

Exposition universelle de 1855. Rapport du comité de l'arrondissement de Valenciennes, par M. Edmond Périer. (Valenciennes, 1855, in-8°.)

Mémoires historiques sur l'arrondissement de Valenciennes, t. I, 1865; t. VI, 1879, in-8°.

Le tome I comprend, p. IX, une table alphabétique des documents historiques publiés par la Société de 1831 à 1865.

OISE.

BEAUVAIS. — **Athénée du Beauvaisis**, fondé en 1843.

Bulletin, t. I, 1843; t. IV, 1854, in-8°.

— **Commission archéologique du diocèse de Beauvais**, fondée le 20 décembre 1839.

Bulletin, t. I, 1846; t. II, 1847, in-8°.

— **Société académique d'archéologie, sciences et arts du département de l'Oise*, fondée au mois de janvier 1841 sous le nom de *Comité d'archéologie*, autorisée le 4 septembre 1847 et *reconnue comme établissement d'utilité publique* le 31 août 1867.

Mémoires, t. I, 1847-1851; t. XIII, 1886-1888, in-8°.

Une table des articles contenus dans les 10 premiers volumes des *Mémoires* a paru en 1881.

Comptes rendus des séances, 1er fascicule, 1882-1883; 4° fascicule, 1886, in-8°.

— **Société des architectes de l'Oise**, fondée en 1881.

9

BEAUVAIS. (*Suite.*)

— **Société médicale des arrondissements de Beauvais et de Clermont,** fondée le 11 avril 1863.

Bulletin, t. I, 1864, in-8°.

Société des pharmaciens de l'Oise.

Comptes rendus annuels, in-8°.

COMPIÈGNE. — **Société historique de Compiègne,** fondée le 8 février 1868 et autorisée le 15 juillet suivant.

Bulletin, t. I, 1869-1873; t. VI, 1884, in-4°.

Excursions archéologiques dans les environs de Compiègne. (Compiègne, 1869-1875, in-8°.)

Le maréchal d'Humières et le gouvernement de Compiègne, par M. R. de Magnienville. (Paris, 1881, in-8°.)

Reproduction du plan de la ville de Compiègne, de Chandellier, dressé en 1734. (Sous presse.)

NOYON. — **Comité historique et archéologique de Noyon,** fondé le 27 octobre 1856 et autorisé en février 1863.

Bulletin, comptes rendus et mémoires, t. I, 1862; t. VIII, 1886, in-8°.

Inscriptions tumulaires de l'église Notre-Dame de Noyon, publiées par M. A. Boulongue. (Noyon, 1876, in-4°.)

Cartulaire de Héronval. (Noyon, 1883, in-4°.)

SENLIS. — *Comité archéologique de Senlis,** fondé le 29 novembre 1862, autorisé en 1863 et reconnu comme établissement d'utilité publique le 21 avril 1877.

Comptes rendus et mémoires, 1re série, t. I, 1862-1863; t. X, 1874, in-8°. — 2e série, t. I, 1875; t. X, 1885, in-8°.

Une table de la 1re série des Mémoires a paru en 1885.

Cartulaire du prieuré de Saint-Christophe-en-Halatte, publié par M. l'abbé Vattier. (Senlis, 1876, in-4°.)

Cartulaire de l'abbaye de Morienval, publié par M. Peigné-Delacourt. (Senlis, 1879, in-4°.)

Monographie des rues, places et monuments de Senlis, par M. l'abbé Müller. (Senlis, 1879-1884, in-8°.)

Catalogue de la bibliothèque et du musée de la Société, par M. de Maricourt, in-8°.

Monographie du prieuré de Saint-Nicolas d'Acy, par M. l'abbé Vattier, t. I. (Senlis, 1886, in-4°.)

ORNE.

ALENÇON. — **Société historique et archéologique de l'Orne**, fondée et approuvée le 28 février 1882.

Bulletin, t. I, 1883; t. V, 1886, in-8°.

ARGENTAN. — **Société scientifique Flammarion**, fondée le 18 juin 1882 et autorisée le 27 juin de la même année.

Bulletin, t. I, 1883; t. IV, 1886, in-8°.

FLERS. — **Société industrielle de Flers**, fondée en décembre 1874 et autorisée le 9 janvier 1883.

Bulletin, t. I, 1875; t. II, 1885, in-8°.

PAS-DE-CALAIS.

ARRAS. — *Académie des sciences, lettres et arts d'Arras**, fondée en 1737, rétablie en 1817 et *reconnue comme établissement d'utilité publique* le 24 septembre 1828.

Les travaux de l'ancienne Académie d'Arras, qui ont été, de 1739 à 1791, l'objet de nombreuses publications, sont fort difficiles à réunir aujourd'hui. Ils sont indiqués dans l'*Histoire de l'Académie d'Arras,* par M. le chanoine Van Drival.

Mémoires, 1ʳᵉ série, t. I, 1818; t. XXXVIII, 1866, in-8°. — 2ᵉ série, t. I, 1867; t. XVII, 1886, in-8°.

Une table de ces *Mémoires* a été publiée en 1854.

Journal de dom Gérard Robert, religieux de l'abbaye de Saint-Vaast d'Arras, contenant plusieurs faits arrivés de son temps, principalement en la ville d'Arras et en particulier dans ladite abbaye. (Arras, 1852, in-8°.)

Chronique d'Arthois, par François Bauduin. (Arras, 1856, in-8°.)

Ambassade en Espagne et en Portugal (en 1582) de R. P. en Dieu dom Jean Sarrazin, abbé de Saint-Vaast, du conseil d'Estat de Sa Majesté-Catholique, son premier conseiller en Arthois, par Philippe de Caverel, religieux de Saint-Vaast. (Arras, 1859, in-8°.)

Observations sur l'échevinage de la ville d'Arras, par M. Charles de Wignacourt. (Arras, 1866, in-8°.)

Histoire de l'Académie d'Arras, depuis sa fondation, en 1737, jusqu'à nos jours, par M. le chanoine Van Drival. (Arras, 1872, in-8°.)

ARRAS. (*Suite.*)

Cartulaire de l'abbaye de Saint-Vaast d'Arras, rédigé au XII° siècle par Guimann et publié par M. le chanoine Van Drival. (Arras, 1875, in-8°.)

Nécrologe de l'abbaye de Saint-Vaast d'Arras, publié par M. le chanoine Van Drival. (Arras, 1878, in-8°.)

Les médailles religieuses du Pas-de-Calais, par M. L. Dancoisne. (Arras, 1880, in-8°.)

— **Commission des monuments historiques et des antiquités départementales du Pas-de-Calais**, fondée le 3 mars 1846.

Statistique monumentale du Pas-de-Calais, t. I, 1850-1858; t. III, 1877-1885, in-4°.

Bulletin, t. I, 1849-1859; t. VI, 1885-1886, in-8°.

Dictionnaire historique et archéologique du Pas-de-Calais, t. I, 1873; t. XV, 1884, in-8°.

L'arrondissement d'Arras comprend actuellement 2 volumes; celui de Béthune en forme 3; celui de Boulogne en comprend 3; celui de Montreuil n'en forme qu'un, et les arrondissements de Saint-Omer et de Saint-Pol en comprennent chacun 3. Une table générale, préparée par M. le chanoine Van Drival, terminera l'ouvrage.

Épigraphie du département du Pas-de-Calais, t. I, 1883-1885, in-4°.

— **Société artésienne des amis des arts**, fondée en 1882.

— **Société de géographie d'Arras**, fondée en 1881.

Cette Société publie ses travaux dans le *Bulletin de l'Union géographique du nord de la France*, dont le siège est à Douai.

BÉTHUNE. — **Société de géographie de Béthune**, fondée en 1882.

Cette Société publie ses travaux dans le *Bulletin de l'Union géographique du nord de la France*, dont le siège est à Douai.

BOULOGNE-SUR-MER. — **Société académique de l'arrondissement de Boulogne-sur-Mer**, fondée le 27 mai 1864 et autorisée le 15 juin suivant.

Mémoires, t. I, 1864-1865; t. XIII, 1882-1886, in-8°.

Bulletin, t. I, 1864-1872; t. IV, 1885-1886, in-8°.

L'année boulonnaise. Éphémérides historiques intéressant le pays boulonnais, par M. Ernest Deseille. (Boulogne-sur-Mer, 1885, in-8°.)

— **Société de géographie de Boulogne-sur-Mer**, fondée en 1883.

Cette Société publie ses travaux dans le *Bulletin de l'Union géographique du nord de la France*, dont le siège est à Douai.

CALAIS. — **Société d'agriculture, commerce, sciences et arts de Calais.**

Mémoires, t. I, 1839-1840; t. III, 1844-1851, in-8°.

— **Société de géographie de Calais**, fondée en 1882.

Cette Société publie ses travaux dans le *Bulletin de l'Union géographique du nord de la France*, dont le siège est à Douai.

SAINT-OMER. — * **Société des antiquaires de la Morinie**, fondée le 19 janvier 1832 et reconnue comme *établissement d'utilité publique* le 21 avril 1833.

Mémoires, t. I, 1834; t. XIX, 1884-1885, in-8°. Des atlas sont joints aux tomes V, VI, VII et IX.

Bulletin, t. I, 1852-1856; t. VII, 1882-1886, in-8°.

Une table des *Bulletins* et des *Mémoires* de la Société a été publiée par M. Dramard en 1883.

Les abbés de Saint-Bertin, par M. H. de Laplane. (Saint-Omer, 1854-1856, 2 vol. in-8°.)

Histoire sigillaire de la ville de Saint-Omer, par MM. Alexandre Hermand et L. Deschamps de Pas. (Paris, 1860, in-4°.)

Chronique de Guines et d'Ardres, par Lambert, curé d'Ardres (918-1283), publiée par M. de Godefroy-Ménilglaise. (Paris, 1855, in-8°.)

Le livre des usaiges et anciennes coustumes de la conté de Guisnes. (Saint-Omer, 1857, in-8°.)

L'Extrême Orient au moyen âge, d'après les manuscrits d'un Flamand de Belgique, moine de Saint-Bertin, à Saint-Omer, par M. de Backer. (Paris, 1877, in-8°.)

Recherches historiques sur les établissements hospitaliers de la ville de Saint-Omer, par M. L. Deschamps de Pas. (Saint-Omer, 1877, in-8°.)

Cartulaires de l'église de Térouanne, publiés par MM. Th. Duchet et A. Giry. (Saint-Omer, 1881, in-4°.)

Notice historique sur la Société des antiquaires de la Morinie et sur ses travaux, par M. Dramard. (Saint-Omer, 1882, in-8°.)

Supplément au catalogue des manuscrits de Saint-Omer de M. Michelant, par M. Duchet, in-4°.

Les chartes de Saint-Bertin, publiées par M. l'abbé Haigneré, t. I. (Saint-Omer, 1886, in-4°.)

— **Société de géographie de Saint-Omer**, fondée en 1883.

Cette Société publie ses travaux dans le *Bulletin de l'Union géographique du nord de la France*, dont le siège est à Douai.

PUY-DE-DÔME.

CLERMONT-FERRAND. — *Académie des sciences, belles-lettres et arts de Clermont-Ferrand, fondée en 1747, autorisée par lettres patentes du mois de mai 1780 et *reconnue comme établissement d'utilité publique* le 11 février 1829.

Annales, t. I, 1828; t. XXXI, 1858, in-8°.

Mémoires, t. I, 1859; t. XXVIII, 1886, in-8°.

Bulletin historique et scientifique de l'Auvergne, t. I, 1881; t. VI, 1886, in-8°.

Cartulaire de Brioude, publié par M. Henri Doniol. (Clermont, 1863, in-4°.)

Cartulaire de Sauxillanges, publié par M. Henri Doniol. (Clermont, 1864, in-4°.)

Œuvres de Gerbert, pape sous le nom de Sylvestre II, publiées par M. A. Olleris. (Clermont, 1867, in-4°.)

Correspondance de Georges Couthon, député du Puy-de-Dôme à l'Assemblée législative et à la Convention nationale (1791-1794), suivie de « l'Aristocrate converti », comédie en deux actes, de Couthon. (Paris, 1872; in-4°.)

— Société des amis des arts de l'Auvergne, fondée le 12 août 1876.

— Société des architectes de l'Auvergne, fondée en 1874.

— Société d'émulation de l'Auvergne, fondée le 7 juin 1884 et autorisée le 23 du même mois.

Revue d'Auvergne, t. I, 1884; t. III, 1886, in-8°.

RIOM. — Société du musée de Riom, fondée le 1er novembre 1860 et autorisée le 29 du même mois.

Rapports annuels, in-8°.

Monuments historiques de l'Auvergne; abbaye royale de Mozat, par M. H. Gomot. (Riom, 1873-1874, in-8°.)

La peste noire à Riom en 1631, par M. H. Gomot. (Riom, 1874, in-12.)

Histoire du château féodal de Tournoël, par M. H. Gomot. (Clermont, 1881, in-12.)

Marilhat et son œuvre, par M. H. Gomot. (Clermont, 1884, in-12.)

Discours et aperçus bibliographiques sur M. Francisque Mandet, président de la Société. (Riom, 1885, in-12.)

PYRÉNÉES (BASSES-).

BAYONNE. — **Société des sciences, lettres et arts de Bayonne,** fondée le 19 août 1873 et autorisée le 20 janvier 1874.

> *Bulletin,* t. I, 1874; t. XIII, 1886, in-8°.

BIARRITZ. — **Biarritz-Association,** fondée le 23 juin 1883 et approuvée le 8 août suivant.

PAU. — **Société des bibliophiles du Béarn,** fondée en 1876.

> *La société béarnaise au XVIIIᵉ siècle. Historiettes tirées des mémoires inédits d'un gentilhomme béarnais.* (Pau, 1876, in-8°.)
>
> *Récits d'histoire sainte en béarnais, traduits sur un manuscrit du XVᵉ siècle,* publiés par MM. V. Lespy et P. Raymond. (Pau, 1876-1877, 2 vol. in-8°.)
>
> *L'éducation du maréchal de Castellane, notes écrites par sa mère.* (Pau, 1877, in-8°.)
>
> *Liste des suspects des Basses-Pyrénées en 1793.* (Pau, 1877, in-8°.)
>
> *Lettres du maréchal Bosquet.* (Pau, 1877-1878, 4 vol. in-8°.)
>
> *Un baron béarnais au XVᵉ siècle. Textes en langue vulgaire,* traduits et publiés par MM. V. Lespy et P. Raymond. (Pau, 1878, in-8°.)
>
> *Notice sur la place Royale de Pau,* par M. Louis Lacaze. (Pau, 1879, in-8°.)

— **Société d'éducation et d'instruction populaires des Basses-Pyrénées,** fondée en 1881.

> *Bulletin,* t. I, 1882; t. V, 1886, in-8°.

— **Société des sciences, lettres et arts de Pau,** fondée le 23 janvier 1841 et réorganisée en 1871.

> *Bulletin,* 1ʳᵉ série, t. I, 1841; t. III, 1843, in-8°. — 2ᵉ série, t. I, 1871-1872; t. XV, 1885-1886, in-8°.

PYRÉNÉES (HAUTES-).

BAGNÈRES-DE-BIGORRE. — **Société Ramond,** fondée en 1865.

> *Bulletin,* t. I, 1866; t. XXI, 1886, in-8°.
>
> *Observations météorologiques faites à la station Plantade (Pic du Midi),* broch. in-8°.

TARBES. — **Société académique des Hautes-Pyrénées,** fondée en 1853 à Tarbes.

> *Bulletin,* t. I, 1854; t. XIX, 1877, in-8°.
>
> *Mémoires,* t. I, 1855, in-4°.

— **Société des beaux-arts de Tarbes,** fondée en 1876.

PYRÉNÉES-ORIENTALES.

Perpignan. — **Association polytechnique des Pyrénées-Orientales**, fondée en 1879 et autorisée le 5 janvier 1880.

Annuaire, t. I, 1880; t. V, 1884, in-8°.

Compte rendu du centenaire d'Arago. (Perpignan, 1886, in-8°.)

— **Société d'acclimatation de Perpignan**, fondée le 15 décembre 1881 et autorisée le 15 avril 1882.

— *Société agricole, scientifique et littéraire des Pyrénées-Orientales, fondée le 31 décembre 1833 et *reconnue comme établissement d'utilité publique* en 1841.

Bulletin, t. I, 1834; t. XXVII, 1885-1886, in-8°.

— **Société des beaux-arts de Perpignan**, fondée et autorisée le 20 décembre 1881.

Perpignan artistique, catalogue de l'exposition de tableaux de 1886. (Perpignan, 1886, in-8°.)

RHIN (HAUT-).

Belfort. — **Société belfortaine d'émulation**, fondée le 12 mars 1872 et autorisée le 25 du même mois.

Bulletin, t. I, 1872; t. VIII, 1886, in-8°.

RHÔNE.

Lyon. — *Académie des sciences, belles-lettres et arts de Lyon, fondée en 1700, autorisée par lettres patentes du mois d'août 1724, réorganisée le 7 octobre 1800 et *reconnue comme établissement d'utilité publique* le 27 juillet 1867.

Mémoires (classe des sciences), 1re série, t. I, 1845; t. II, 1847, in-8°. — 2e série, t. I, 1851; t. XXVIII, 1886, in-8°.

Mémoires (classe des lettres), 1re série, t. I, 1845; t. II, 1846, in-8°. — 2e série, t. I, 1851; t. XXIII, 1885-1886, in-8°.

Une table des matières contenues dans les *Mémoires* parus de 1845 à 1881 a été publiée par M. le Dr Saint-Lager, en 1882.

Comptes rendus des séances, annuels de 1804 à 1851, in-8°.

Bulletin des séances (1865-1866), 2 vol. in-8°.

LYON. (*Suite.*)

Histoire de l'Académie royale des sciences, belles-lettres et arts de Lyon, par M. J.-B. Dumas. (Lyon, 1839, 2 vol. in-8°.)

Histoire de l'Académie royale des sciences, belles-lettres et arts de Lyon, par M. Grand-perret. (Lyon, 1845, in-8°.)

Cartulaire lyonnais, documents inédits pour servir à l'histoire des anciennes provinces de Lyonnais, Forez, Beaujolais, Dombes, Bresse et Bugey comprises jadis dans le Pagus major Lugdunensis, publiés par M. C. Guigue, t. I. (Lyon, 1885, in 4°.)

— **Association lyonnaise des amis des sciences naturelles**, fondée en 1874 et autorisée le 18 février de la même année.

Comptes rendus, in-8°, annuels.

— **Commission météorologique de Lyon**, fondée en 1843.

Travaux, t. I, 1853; t. XLIII, 1886, in-8°.

— **Société d'agriculture, histoire naturelle et arts utiles de Lyon**, fondée et autorisée en 1761.

Comptes rendus, t. I, 1806; t. XXII, 1835-1836, in-8°.

Mémoires, 1re série, t. I, 1838; t. XI, 1848, in-8°. — 2e série, t. I, 1849; t. VIII, 1856, in-8°.— 3e série, t. I, 1857; t. XI, 1867, in-8°. — 4e série, t. I, 1868; t. X, 1877, in-8°. — 5e série, t. I, 1878; t. VIII, 1886, in-8°.

— **Société des amis des arts de Lyon**, fondée en 1836 et autorisée le 5 août 1843.

Comptes rendus annuels, de 1859 à 1873, 25 broch. in-8°.

Catalogues des expositions de tableaux, n° 1, 1857; n° 30, 1886, in-18.

Collection de gravures formant 11 livraisons qui contiennent 66 planches.

— **Société des amis des sciences de Lyon**, autorisée le 11 mars 1880.

— **Société d'anthropologie de Lyon**, fondée le 10 février 1881 et autorisée le 31 janvier 1882.

Bulletin, t. I, 1881-1882; t. V, 1886, in-8°.

— **Société académique d'architecture de Lyon**, fondée le 6 mai 1830, réor-ganisée et autorisée le 24 octobre 1885.

Comptes rendus, 1853-1866, 7 fascicules in-8°.

Annales, t. I, 1867-1868; t. VIII, 1883-1886, in-8°.

Recueil d'édifices publics et particuliers, et fragments d'architecture de Lyon et ses environs, publiés par MM. Chenavard et Couchaud. (Lyon, 1846, in-fol.)

IMPRIMERIE NATIONALE.

Lyon. (*Suite.*)

Éloge historique de Baltard, par M. Dalgabie. (Lyon, 1846, in-8°.)

Éloge historique de Falconnet, par M. Farfouillon. (Lyon, 1850, in-8°.)

Éloge historique de M. Dalgabie, par M. Chenavard. (Lyon, 1854, in-8°.)

Recherches sur les armoiries placées au-dessus de la porte principale de l'Antiquaille, par M. Perret de la Menue. (Lyon, 1857, in-8°.)

Notes d'un voyage en Italie, par M. Georges. (Lyon, 1857, in-8°.)

Recherches historiques sur l'ancienne boucherie de l'hôpital de Lyon. (Lyon, 1860, in-8°.)

Éloge de M. J.-B. Seitz, architecte, par M. Perret de la Menue. (Lyon, 1860, in-8°.)

Éloge de M. F. Pascalon, architecte, par M. H. Feuga. (Lyon, 1861, in-8°.)

Rapport sur la responsabilité des architectes, par M. Bissuel. (Lyon, 1863, in-8°.)

Éloge de M. Cathenod, par M. Fontaine. (Lyon, 1864, in-8°.)

Éloge de M. Flacheron, par M. Chenavard. (Lyon, 1867, in-8°.)

Éloge de F. Giniez, architecte, par M. Desjardins. (Lyon, 1867, in-8°.)

Éloge de M. Frérot, architecte, par M. Georges. (Lyon, 1867, in-8°.)

Coutumes des bâtiments; recherches et avis de la Société, par M. Bissuel. (Lyon, 1868, in-8°.)

Rapport sur une affaire intéressant la responsabilité de l'architecte. (Lyon, 1875, in-8°.)

Biographie de M. Desjardins, par M. Perret de la Menue. (Lyon, 1883, in-8°.)

— **Société astronomique du Rhône**, fondée en janvier 1883 et autorisée le 24 mars suivant.

Bulletin, t. I, 1883; t. IV, 1886, in-8°.

— **Société botanique de Lyon**, fondée le 20 mars 1872 et autorisée le 2 mai suivant.

Annales, t. I, 1872; t. XIV, 1886, in-8°.

Bulletin, t. I, 1883; t. IV, 1886, in-8°.

Herborisations dans les montagnes de Hauteville, du Colombier, du Bugey et du Pilat. (Lyon, 1876, in-8°.)

Catalogue de la flore du bassin du Rhône, par M. le Dr Saint-Lager. (Lyon, 1873-1882, in-8°.)

— **Société d'économie politique de Lyon**, fondée en 1876.

Comptes rendus, t. I, 1877-1878; t. IX, 1885-1886, in-8°.

LYON. (*Suite.*)

— *Société nationale d'éducation de Lyon**, fondée en 1829, autorisée le 3 novembre 1838 et *reconnue comme établissement d'utilité publique* le 31 août 1867.

> *Annales,* paraissant par livraisons annuelles, in-8°.

— *Société d'enseignement professionnel du Rhône**, fondée au mois d'octobre 1864, autorisée le 16 novembre suivant et *reconnue comme établissement d'utilité publique* le 29 novembre 1878.

> *Comptes rendus* annuels, t. I, 1864-1866; t. XIX, 1884-1885, in-8°.

— **Société d'études scientifiques de Lyon**, fondée en 1870 sous le nom de *Société physiophile.*

> *Annales,* t. I, 1872; t. II, 1873, in-8°.
> *Bulletin,* t. I, 1874; t. V, 1879, in-8°.

— **Société de l'exposition permanente des beaux-arts de Lyon**, fondée et autorisée le 15 février 1882.

— **Société de géographie de Lyon**, fondée en 1871 et autorisée le 8 janvier 1873.

> *Bulletin,* t. I, 1875-1877; t. VI, 1886-1887, in-8°.
> *Étude géographique et statistique sur la production et le commerce de la soie en cocons,* par M. Léon Clugnet, in-8°.
> *Congrès national des Sociétés françaises de géographie à Lyon en 1881.* (Lyon, 1882, in-8°.)

— **Société d'instruction primaire du Rhône**, fondée en 1828 et autorisée le 15 avril 1829.

— **Société linnéenne de Lyon**, fondée le 28 octobre 1822 et autorisée en 1823.

> *Annales,* 1re série, t. I, 1836; t. IV, 1850-1852, in-8°. — 2e série, t. I, 1853; t. XXXII, 1885, in-8°.
> *Comptes rendus,* formant 4 brochures in-8°, qui répondent aux années 1839-1844.

— **Société littéraire, historique et archéologique de Lyon**, fondée en 1807 sous le nom de *Cercle littéraire* et autorisée le 8 novembre 1843.

> *Mémoires,* 1re série, t. I, 1858-1860; t. III, 1861-1862, in-8°. — 2e série, t. I, 1865; t. XIII, 1886, in-8°.
> *Catalogue des Lyonnais dignes de mémoire,* par MM. Breghot du Lut et Péricaud. (Lyon, 1839, in-8°.)

LYON. (*Suite.*)

Archives de la Société littéraire. (Lyon, 1847, in-8°.)

Éloge historique d'André Couchaud, par M. Martin-Daussigny. (Lyon, 1850, in-8°.)

Éloge historique de Breghot du Lut, par M. d'Aigueperse. (Lyon, 1850, in-8°.)

Éloge historique d'A. Coste, par M. Fraisse. (Lyon, 1851, in-8°.)

Éloge historique de L.-P.-A. Gauthier, par M. Fraisse. (Lyon, 1852, in-8°.)

Éloge historique de M. d'Aigueperse, par M. A. Péricaud. (Lyon, 1861, in-8°.)

Polyptyque de l'église collégiale de Saint-Paul de Lyon, publié par M. C. Guigue. (Lyon, 1875, in-8°.)

Cartulaire municipal de la ville de Lyon formé au xiv° siècle par Étienne de Ville-neuve, publié par M. C. Guigue. (Lyon, 1876, in-8°.)

Le centenaire de la Société littéraire de Lyon (1778-1878). (Lyon, 1880, in-8°.)

Registres consulaires de la ville de Lyon ou Recueil des délibérations du conseil de la commune, publiés par M. C. Guigue. (Lyon, 1882, in-4°.)

— *Société nationale de médecine de Lyon, fondée en 1789, autorisée en 1795 et reconnue comme établissement d'utilité publique le 26 février 1856.

Annales, t. I, 1854; t. XXXI, 1885, in-8°.

Gazette médicale de Lyon, paraissant par cahiers in-4° tous les quinze jours, de 1849 à 1869.

Le Lyon médical, faisant suite à la *Gazette médicale de Lyon* et au *Journal de médecine de Lyon*, paraissant par cahiers hebdomadaires; de 1869 à 1887, in-8°.

— Société de médecine vétérinaire de Lyon et du Sud-Est, fondée et autorisée le 20 mars 1878.

— Société médicale d'émulation de Lyon, fondée en 1841.

Mémoires, t. I, 1842; t. III, 1845, in-8°.

— Société de pharmacie de Lyon, fondée en 1806 et autorisée le 23 août de la même année.

Bulletin, t. I, 1879-1883; t. II, 1884-1886, in-8°.

— Société des sciences industrielles de Lyon, fondée en 1862.

Annales, t. I, 1862; t. XXIV, 1886, in-8°.

— Société des sciences médicales de Lyon, fondée le 3 avril 1861.

Mémoires et comptes rendus, t. I, 1862; t. XXVI, 1886, in-8°.

— Société de topographie historique de Lyon, fondée le 30 avril 1872.

Description générale de la ville de Lyon et des anciennes provinces du Lyonnais et du Beaujolais, par M. N. de Nicolay. (Lyon, 1882, in-4°.)

Lyon. (Suite.)

Plan de la ville de Lyon au XVIe siècle.

Carte de la Guillotière et du mandement de Béchevelin.

Plan figuré des châteaux de Grézieu, Pollionay, Iseron et Fauteon, d'après l'original dressé en 1599.

SAÔNE (HAUTE-).

Vesoul. — Société d'agriculture, commerce, sciences et arts de la Haute-Saône, fondée le 14 avril 1801, réorganisée en 1819 et en 1832.

Recueil agronomique, t. I, 1836; t. IX, 1861, in-8°.

Mémoires, 1re série, t. I, 1859; t. V, 1866. — 2° série, t. I, 1867; t. II, 1868, in-8°. — 3° série, t. I, 1869; t. XVII, 1886, in-8°.

— Société des architectes de la Haute-Saône, fondée en 1861.

SAÔNE-ET-LOIRE.

Autun. — *Société éduenne des lettres, sciences et arts, fondée en 1836, autorisée la même année et reconnue comme établissement d'utilité publique le 30 mai 1866.

Mémoires, 1re série, t. I, 1837; t. III, 1845, in-8°. — 2° série, t. I, 1872; t. XIV, 1886, in-8°.

Annales, t. I, 1858; t. III, 1862-1864, in-8°.

Histoire de l'antique cité d'Autun, par Edme Thomas, official, grand chantre et chanoine de la cathédrale de cette ville, mort en 1660. (Autun, 1846, in-4°.)

Autun archéologique. (Autun, 1848, in-8°.)

Essai historique sur l'abbaye de Saint-Martin d'Autun, par M. J. Bulliot. (Autun, 1849, 2 vol. in-8°.)

Nouvelle étude de jetons, par M. J. de Fontenay. (Autun, 1850, in-8°.)

Des libertés de la Bourgogne d'après les jetons de ses États, par M. Rossignol. (Autun, 1851, in-8°.)

Traduction des discours d'Eumène, par M. l'abbé Landriot et M. l'abbé Rochet. (Autun, 1854, in-8°.)

Histoire de la Réforme et de la Ligue dans la ville d'Autun et dans l'Autunois, par M. Hippolyte Abord. (Autun, 1855-1861, 2 vol. in-8°.)

Essai sur le système défensif des Romains dans le pays éduen, par M. J. Bulliot. (Autun, 1856, in-8°.)

Étude historique et critique sur la mission, les actes et le culte de saint Bénigne, apôtre de la Bourgogne, et sur l'origine des églises de Dijon, d'Autun et de Langres, par M. l'abbé Bougaud. (Autun, 1859, in-8°.)

AUTUN. (*Suite.*)

Plantes cryptogames cellulaires du département de Saône-et-Loire, par M. A. Grognot. (Autun, 1863, in-8°.)

Cartulaire de l'église d'Autun, publié par M. A. de Charmasse. (Autun, 1865, in-4°.)

Mémoires d'histoire naturelle pour le département de Saône-et-Loire. (Autun, 1865-1866, 2 vol. in-8°.)

Histoire de l'ordre de Cluny, depuis la fondation de l'abbaye jusqu'à la mort de Pierre le Vénérable (909-1157), par M. H. Pignot. (Autun, 1868, 3 vol. in-8°.)

Notice des peintures, dessins, gravures et sculptures exposés au musée de l'hôtel de ville d'Autun, par M. H. de Fontenay. (Autun, 1875, in-12.)

Recherches sur les végétaux silicifiés du bassin d'Autun et de Saint-Étienne, par M. Renault. (Autun, 1878, in-8°.)

Cartulaire de l'évêché d'Autun, connu sous le nom de Cartulaire.rouge, publié par M. A. de Charmasse. (Autun, 1880, in-8°.)

CHALON-SUR-SAÔNE. — **Société d'histoire et d'archéologie de Chalon-sur-Saône,** fondée le 16 août 1844 et autorisée le 20 janvier 1843.

Mémoires, t. I, 1846, in-8°; t. VII, 1884-1886, in-4°. Au tome II est joint un atlas de 17 planches.

Monnaies françaises du règne de Louis XIV, par M. Félix Bessy-Journet. (Chalon, 1850, in-fol.)

Histoire du parlement de Bourgogne de 1733 à 1790, complétant les ouvrages de Paillot et de Petitot, et renfermant l'état du parlement depuis son établissement, selon l'ordre de la création et de la succession des charges, par M. A. des Marches. (Chalon, 1851, in-fol.)

Le papyrus magique Harris; traduction analytique et commentée d'un manuscrit égyptien, comprenant le texte hiératique, un tableau phonétique et un glossaire, publié par M. François Chabas. (Chalon, 1860, in-4°.)

Documents inédits pour servir à l'histoire de Bourgogne, par M. Marcel Canat de Chizy. (Chalon, 1863, in-8°.)

Histoire de Sennecey et de ses seigneurs, par M. Léopold Niepce. (Chalon, 1866, in-8°.)

Chalon-sur-Saône pittoresque et démoli, par M. J. Chevrier. (Chalon, 1883, in-4°.)

Cartularium prioratus Beatæ Mariæ de Paredo, par M. Canat de Chizy et M. l'abbé U. Chevalier. (Sous presse.)

— **Société des sciences naturelles de Saône-et-Loire**, fondée le 1er février 1875 et autorisée le 17 février 1876.

Bulletin, t. I, 1873-1880; t. III, 1885-1886, in-4°.

Mémoires, t. I, 1878; t. VI, 1885-1886, in-4°.

CHALON-SUR-SAÔNE. (Suite.)

— Société scientifique, artistique et littéraire de Chalon-sur-Saône, fondée en 1883.

Bulletin, n° 1, 1883; n° 4, 1886, in-8°.

MÂCON. — *Académie des sciences, arts et belles-lettres de Mâcon, fondée le 1ᵉʳ septembre 1805 et reconnue comme établissement d'utilité publique le 11 juillet 1829.

Comptes rendus, de 1818 à 1847, in-8°.

Annales, 1ʳᵉ série, t. I, 1853; t. XV, 1876. — 2ᵉ série, t. I, 1877; t. V, 1885, in-8°.

Cluny au xıˢ siècle; son influence religieuse, intellectuelle et politique, par M. l'abbé Cucherat. (Mâcon, 1861, in-8°.)

L'abbaye de Saint-Rigaud, dans l'ancien diocèse de Mâcon, par M. l'abbé Cucherat. (Mâcon, 1863, in-8°.)

Cartulaire de Saint-Vincent de Mâcon, publié par M. Ragut. (Mâcon, 1864, in-8°.)

Le Mâconnais préhistorique, mémoire sur les âges de la pierre, du bronze et du fer en Mâconnais, par MM. Henri de Ferry, Arcelin et Pruner Bey. (Paris, 1870, in-8°.)

— Association mâconnaise des amis des sciences naturelles, fondée en 1877.

— Association des pharmaciens de Saône-et-Loire, fondée en 1885.

TOURNUS. — Société des amis des arts et des sciences de Tournus, fondée le 4 février 1877 et autorisée le 24 du même mois.

Bulletin, dont 3 numéros avaient paru à la date du 1ᵉʳ janvier 1887.

SARTHE.

LA FLÈCHE. — Société des lettres, sciences et arts de la Flèche, fondée en 1835, réorganisée en 1857 et autorisée le 11 juillet de la même année.

Bulletin, t. I, 1879; t. VIII, 1886, in-8°.

LE MANS. — Société d'agriculture, sciences et arts de la Sarthe, fondée en 1761 sous le titre de Société d'agriculture pour la généralité de Touraine, bureau du Mans; supprimée en 1793; rétablie en 1794 sous le nom de Commission des arts; désignée en 1795 sous le titre de Société centrale de correspondance des arts près la municipalité du Mans, en 1799 sous le titre de Société libre des arts, en 1814 sous celui de Société royale des arts, et autorisée en 1839 sous sa dénomination actuelle.

Recueil des délibérations et des mémoires de la Société royale d'agriculture de la généralité de Tours. (Le Mans, 1761, in-8°.)

Le Mans. (*Suite.*)

Séances publiques de la Société libre des arts, de 1806 à 1826, in-8°.

Analyse des travaux de la Société royale des arts du Mans, de 1794 à 1819, in-8°.

Recueil de pratiques, recettes, procédés, découvertes sur l'agriculture, t. I, 1817; t. V, 1821, in-8°.

Bulletin, 1re série, t. I, 1833; t. VIII, 1839, in-8°. — 2e série, t. I, 1850; t. XXII, 1885-1886, in-8°.

Mémoires, t. I, 1855, in-8°.

Sigillographie du Maine. (Le Mans, 1871, in-8°.)

Catalogue de la bibliothèque de la Société, par M. Brière. (Le Mans, 1877-1881, in-8°.)

— **Société historique et archéologique du Maine,** fondée le 26 août 1875 et autorisée le 16 décembre suivant.

Revue, t. I, 1876; t. XX, 1886, in-8°.

Histoire de la Ferté-Bernard, par M. Léopold Charles, publiée par M. l'abbé Robert Charles. (Le Mans, 1876, in-8°.)

Le château de Lassay, par un membre de la Société. (Le Mans, 1876, in-8°.)

Mémoires de René-Pierre Nepveu de la Manouillière, chanoine de l'église du Mans, publiés et annotés par M. l'abbé Gustave Esnault. (Le Mans, 1877-1879, 3 vol. in-8°.)

Histoire de la Flèche et de ses seigneurs, par M. Charles de Montzey. (Le Mans, 1877-1878, 3 vol. in-8°.)

Inventaire analytique des archives de l'hospice de Sablé, par M. P.-E. Chevrier. (Sablé, 1877, in-8°.)

Histoire du couvent des Frères Prêcheurs du Mans, par M. Charles Cosnard. (Le Mans, 1879, in-8°.)

Mémoires de Jean-Baptiste-Henri-Michel Le Prince d'Ordenay, avocat au Parlement, négociant, juge-consul et maire du Mans, publiés et annotés par M. l'abbé Gustave Esnault. (Le Mans, 1880, in-8°.)

Entrée solennelle de Louis XIII et Marie de Médicis au Mans, en 1614, par M. l'abbé Gustave Esnault. (Le Mans, 1880, in-12.)

Guide illustré du touriste au Mans et dans la Sarthe, par M. l'abbé Robert Charles. (Le Mans, 1880, in-18.)

Cartulaire de l'abbaye cistercienne de Perseigne, publié par M. Gabriel Fleury. (Mamers, 1880, in-4°.)

Cartulaire des abbayes de Saint-Pierre de la Couture et de Solesmes. (Le Mans, 1881, in-4°.)

Michel Chamillart, contrôleur général des finances et secrétaire d'État de la guerre, correspondance et papiers inédits, recueillis et publiés par M. l'abbé Gustave Esnault. (Le Mans, 1884, 2 vol. in-8°.)

Étude historique sur Douillet-le-Joly, par M. Robert Triger. (Le Mans, 1884, in-4°.)

LE MANS. (*Suite.*)

Cartulaire de l'abbaye de Saint-Vincent du Mans, publié par M. l'abbé Robert Charles et M. Samuel d'Elbenne. (Le Mans, 1885, in-4°.)

Recherches historiques sur la châtellenie et la paroisse d'Assé-le-Boisne, par M. P. Moulard. (Le Mans, 1885, in-8°.)

Mémoire chronologique de Maucourt de Bourjolly sur la ville de Laval, annoté par MM. J. Le Fizelier, A. Bertrand et E. Morin de la Beauluère. (Laval, 1886, 3 vol. in-8°.)

Le château de Sourches et ses seigneurs, par M. le duc des Cars et M. l'abbé A. Ledru. (Le Mans, 1887, in-8°.)

— **Société de médecine de la Sarthe**, fondée le 27 avril 1827.

Bulletin, in-8°, annuel.

— **Société philotechnique du Maine**, fondée et autorisée le 5 août 1880.

Bulletin, t. I, 1881; t. VI, 1886, in-8°.

SAVOIE.

ALBERTVILLE. — **Société académique d'Albertville**, fondée le 26 juillet 1877 et autorisée le 14 septembre de la même année.

CHAMBÉRY. — *Académie des sciences, belles-lettres et arts de la Savoie*, fondée en 1819 et *reconnue comme établissement d'utilité publique* le 14 juillet 1860.

Mémoires, 1ʳᵉ série, t. I, 1825; t. XII, 1846, in-8°. — 2ᵉ série, t. I, 1854; t. XII, 1872, in-8°. — 3ᵉ série, t. I, 1875; t. XI, 1886, in-8°. — Un album in-folio est joint au tome X de la 2ᵉ série.

Chroniques de Yolande de France, duchesse de Savoie, sœur de Louis XI, documents inédits, recueillis et mis en ordre par M. Léon Ménabréa. (Chambéry, 1859, in-8°.)

Chartes du diocèse de Maurienne, documents recueillis par Mᵍʳ Alexis Billiet et M. l'abbé Albrieux. (Chambéry, 1861, in-8°.)

Documents relatifs au prieuré et à la vallée de Chamonix, recueillis par MM. J. Bonnefoy et A. Perrin. (Chambéry, 1879, 2 vol. in-8°.)

Catalogue du médaillier de Savoie, par M. André Perrin. (Chambéry, 1883, in-8°.)

— *Société savoisienne d'histoire et d'archéologie*, fondée le 6 août 1855, autorisée le 6 août 1856 et *reconnue comme établissement d'utilité publique* le 8 octobre 1881.

Mémoires et documents, t. I, 1856; t. XXIV, 1886, in-8°. — Un album in-folio est joint au tome VIII.

Chronologies pour les études historiques en Savoie. (Chambéry, 1884, in-8°.)

11

CHAMBÉRY. (*Suite.*)

— **Société d'histoire naturelle de Savoie**, fondée en 1844 et approuvée le 28 septembre de la même année.

Comptes rendus annuels, in-8°.

— **Société médicale de Chambéry,** fondée en 1848 et approuvée le 25 juillet de la même année.

Comptes rendus, formant 4 fascicules in-8°, qui répondent aux années 1848-1873.

Bulletin, formant 2 fascicules in-8°, qui répondent aux années 1859-1877.

Rapport sur l'enseignement de la médecine en Savoie, par MM. Carret et Guillaud. (Chambéry, 1852, in-8°.)

Note additionnelle à ce rapport, par MM. Carret et Guillaud. (Chambéry, 1852, in-8°.)

Mémoire à la commission de la Chambre des députés chargée d'examiner le projet de loi sur l'enseignement. (Chambéry, 1854, in-8°.)

Rapport sur la collection des eaux minérales de Savoie à l'Exposition universelle de Paris, par M. Charles Calloud. (Chambéry, 1855, in-8°.)

Rapport sur le choléra en Savoie en 1854, par M. Guillaud. (Chambéry, 1858, in-8°.)

Rapport sur l'eau minérale de la Bauche. (Chambéry, 1858, in-4°.)

Analyse de l'eau de la Bauche, par M. Charles Calloud. (Chambéry, 1863, in-8°.)

De la médication par les ferrugineux, et plus particulièrement par l'eau de la Bauche, par M. Guillaud. (Chambéry, 1865, in-8°.)

L'eau minérale de Challes. (Chambéry, 1874, in-8°.)

— **Union artistique de Savoie**, fondée le 15 décembre 1881 et autorisée le 5 avril 1882.

MOUTIERS. — *Académie de la Val d'Isère,* fondée le 17 juillet 1865, autorisée le 7 septembre suivant et *reconnue comme établissement d'utilité publique* le 21 mai 1877.

Mémoires, t. I, 1866-1867; t. IV, 1884-1886, in-8°.

Documents, t. I, 1881, in-8°.

SAINT-JEAN-DE-MAURIENNE. — **Société d'histoire et d'archéologie de la Maurienne,** fondée le 3 janvier 1856 et autorisée le 18 novembre 1861.

Travaux, t. I, 1859-1866; t. VI, 1885-1886, in-8°.

SAVOIE (HAUTE-).

Annecy. — **Académie salésienne**, fondée le 21 août 1878.

Mémoires et documents, t. I, 1879; t. IX, 1886, in-8°.

— **Société florimontane**, fondée le 11 juin 1851.

Annales, 1851-1853, in-12.

Bulletin, t. I, 1855; t. III, 1857-1858, in-8°.

Revue savoisienne, 1ʳᵉ série, t. I, 1860; t. XXV, 1884, in-4°. — 2ᵉ série, t. I, 1885; t. II, 1886, in-8°.

Les Sociétés savantes de la Savoie et de la Haute-Savoie ont pris l'habitude de se réunir chaque année en congrès depuis 1878. La collection des *Comptes rendus* de ces congrès formait, en 1886, 8 volumes in-8°.

SEINE.

PARIS.

Académie française, fondée le 2 janvier 1635, supprimée en 1793 et reconstituée le 21 mars 1816.

Dictionnaire de l'Académie française, 1ʳᵉ éd. (Paris, 1694, 2 vol. in-fol.). — 2ᵉ éd. (Paris, 1718, 2 vol. in-fol.) — 3ᵉ éd. (Paris, 1740, 2 vol. in-fol.) — 4ᵉ éd. (Paris, 1762, 2 vol. in-fol.) — 5ᵉ éd. (Paris, 1798, 2 vol. in-fol.) — 6ᵉ éd. (Paris, 1835, 2 vol. in-4°.) — 7ᵉ éd. (Paris, 1878, 2 vol. in-4°.)

Dictionnaire historique de la langue française, t. I, 1865; t. II, 1878-1884, in-4°.

Recueil des discours, rapports et pièces diverses, t. I, 1813-1819; t. VIII, 1880-1886, in-4°.

Ces recueils sont divisés en deux parties pour chaque période décennale.

Discours prononcés aux funérailles des membres de l'Académie, in-4°.

Académie des inscriptions et belles-lettres, fondée en 1701 sous le titre d'*Académie royale des inscriptions et médailles*, supprimée en 1793 et reconstituée le 21 mars 1816.

Mémoires, 1ʳᵉ série, t. I, 1717; t. XLVI, 1789, in-4°.

Ces volumes comprennent les lectures faites à l'Académie de 1701 à 1784. En 1808 et en 1809, M. Dacier fit paraître 4 volumes in-4° pour compléter la collection jusqu'en 1789. Les tomes XI, XXII, XXXIII, XLIV et LI renferment des tables générales qui se trouvent fondues dans la table générale que M. de Laverdy fit paraître en 1791, in-4°.

Paris. (*Suite.*)

Mémoires, 2ᵉ série, t. I, 1815; t. XXXII, 1886, in-4°.

Les tomes XI et XXII renferment des tables de matières.

Une table générale des articles contenus dans les *Mémoires* de 1717 à 1850 a été publiée par MM. de Rozière et Chatel en 1856.

Mémoires présentés par divers savants, 1ʳᵉ série. Sujets divers d'érudition, t. I, 1844; t. IX, 1884, in-4°. — 2ᵉ série. Antiquités de la France, t. I, 1843; t. VI, 1883, in-4°.

Comptes rendus des séances, 1ʳᵉ série, t. I, 1857; t. VIII, 1864, in-8°. — 2ᵉ série, t. I, 1865; t. VII, 1871, in-8°. — 3ᵉ série, t. I, 1872, in-8°. — 4ᵉ série, t. I, 1873; t. XIV, 1886, in 8°.

Séances publiques annuelles, in-4°.

Rapports semestriels sur les travaux des Commissions de publication de l'Académie, in-4°.

Rapports de la Commission des Écoles d'Athènes et de Rome, fascicules annuels, in-4°.

Rapports de la Commission des antiquités de la France, fascicules annuels, in-4°.

Discours prononcés aux funérailles des membres de l'Académie, in-4°.

Notices et extraits des manuscrits, t. I, 1787; t. XXXII, 1886, in-4°. — Un atlas accompagne le tome XVIII.

Recueil des historiens des Gaules et de la France, commencé par dom Bouquet et continué par des membres de l'Institut, sous les auspices de l'Académie, t. XIV, 1806; t. XXIII, 1876, in-fol.

Recueil des historiens des croisades. Cette collection se divise ainsi :

Historiens occidentaux, t. I, 1844; t. IV, 1879, in-fol.
Historiens arméniens, t. I, 1809, in-fol.
Historiens grecs, t. I, 1875; t. II, 1881, in-fol.
Historiens arabes, t. I, 1872; t. III, 1884, in-fol.
Lois (Assises de Jérusalem), t. I, 1841; t. II, 1843, in-fol.

Recueil des ordonnances des rois de France, publication continuée par l'Académie, t. XV, 1811; t. XXI, 1849, in-fol.

Un volume de tables a été publié en 1849 avec un supplément.

Histoire littéraire de la France, publication continuée par l'Académie, t. XII, 1814; t. XXIX, 1885, in-4°.

Table chronologique des diplômes et chartes, t. I, 1769; t. VIII, 1876, in-fol.

Gallia Christiana, publication continuée par l'Académie, t. XVI, in-fol.

Diplomata, chartae, epistolae, leges aliaque instrumenta ad res gallo-francicas spectantia, ab anno CDXVII ad annum DCCLI, 2 vol. in-fol.

Œuvres de Borghesi, publication continuée par l'Académie, t. VII, VIII et IX, in-8°.

Corpus inscriptionum semiticarum. Cette collection comprend :

Inscriptiones phenicia, t. I, 1881-1886, in-4° avec un atlas in-fol.

PARIS. (Suite.)

Académie des sciences, fondée en 1666, reconnue par lettres patentes du mois de février 1713, supprimée en 1793 et reconstituée le 21 mars 1816.

Mémoires, 1ʳᵉ série, t. I, 1699; t. CLXIV, 1793, in-4°. — 2ᵉ série, t. I, 1816; t. XLII, 1883, in-4°.

Une table de la 1ʳᵉ série des *Mémoires* de l'Académie et des volumes de la 2ᵉ série, jusqu'au tome XL inclusivement, a été publiée en 1881, in-4°.

Mémoires présentés par divers savants, 1ʳᵉ série, t. I, 1806; t. II, 1811, in-4°. — 2ᵉ série, t. I, 1827; t. XXVIII, 1884, in-4°.

Une table des matières contenues dans ces *Mémoires*, de 1806 à 1877, a paru en 1881.

Comptes rendus hebdomadaires des séances, t. I, 1835; t. CIII, 1886, in-4°.

Suppléments aux comptes rendus, 1856 et 1861, 2 vol. in-4°.

Discours prononcés aux funérailles des membres de l'Académie, in-4°.

Description des arts et métiers pour faire suite à l'Encyclopédie. (Paris, 1761-1780, 24 vol. in-fol.)

Recueil de mémoires, rapports et documents relatifs à l'observation du passage de Vénus sur le Soleil, du 9 décembre 1874. (Paris, 1874-1877, 2 vol. in-4°.)

Recueil de mémoires, rapports et documents relatifs à l'observation du passage de Vénus sur le Soleil, du 6 décembre 1882. (Paris, 1883-1885, 7 vol. in-4°.)

Règlements intérieurs de l'Académie des sciences de 1795 à 1886. (Paris, 1886, in-8°.)

Académie des sciences morales et politiques, fondée le 25 octobre 1795, supprimée le 23 janvier 1803 et rétablie par ordonnance royale du 26 octobre 1832.

Mémoires, t. I, 1839; t. XIV, 1884, in-4°.

Une table générale des articles contenus dans les *Mémoires* de l'Académie antérieurs à 1850 a été publiée par MM. de Rozière et Chatel en 1856.

Séances et travaux, 1ʳᵉ série, t. I, 1842; t. X, 1846, in-8°. — 2ᵉ série, t. I, 1847; t. X, 1851, in-8°. — 3ᵉ série, t. I, 1852; t. XXX, 1859, in-8°. — 4ᵉ série, t. I, 1860; t. XX, 1864, in-8°. — 5ᵉ série, t. I, 1865; t. XXX, 1873, in-8°. — 6ᵉ série, t. I, 1874; t. XXVI, 1886, in-8°.

Cette collection forme actuellement 126 volumes. Une table générale alphabétique, par ordre des matières et par noms d'auteurs, comprenant les 100 premiers volumes des *Séances et travaux* (1842-1873), a été publiée à part, in-8°.

Mémoires présentés par divers savants, t. I, 1841; t. II, 1847, in-4°.

Discours prononcés aux funérailles des membres de l'Académie, in-4°.

Académie des beaux-arts, fondée le 25 octobre 1795, réorganisée le 23 janvier 1803; a pris sa dénomination actuelle le 21 mars 1816.

Comptes rendus des séances annuelles, in-4°.

PARIS. (*Suite.*)

Notices sur les membres décédés, in-4°.

Discours prononcés aux funérailles des membres de l'Académie, in-4°.

Dictionnaire de l'Académie des beaux-arts, t. I, 1858; t. IV, 1884, in-4°.

Ces cinq Académies n'ont pas eu une existence distincte de 1795 à 1816. La loi du 8 août 1793 avait supprimé toutes les anciennes Académies et quand la Convention fonda l'Institut, le 25 octobre 1795, elle décida qu'il serait divisé en trois classes : 1° *Sciences physiques et mathématiques;* 2° *Sciences morales et politiques;* 3° *Littérature et beaux-arts.* Un arrêté des consuls, rendu le 28 janvier 1803, modifia cette organisation et divisa l'Institut en quatre classes : *Sciences physiques et mathématiques; Langue et littérature française; Histoire et littérature ancienne; Beaux-arts.* Pendant toute cette période, l'Institut porta successivement les noms d'*Institut national des sciences et arts* (1795), d'*Institut national de France* (1803), d'*Institut de France* (1806), d'*Institut impérial* (1811) et d'*Institut royal* (1814). L'ordonnance du 21 mars 1816 remplaça les dénominations des classes par celles qui subsistent encore aujourd'hui.

La collection des travaux de l'*Institut national des sciences et des arts* comprend :

1° Classe des sciences mathématiques et physiques :

Mémoires, t. I, 1798; t. VI, 1806, in-4°.

Notice des travaux de la classe des sciences mathématiques et physiques, du 2ᵉ trimestre an IX au 1ᵉʳ trimestre an XI.

2° Classe des sciences morales et politiques :

Mémoires, t. I, 1798; t. V, 1804, in-4°.

Notice des travaux de la classe des sciences morales et politiques, du 2ᵉ trimestre an IX au 1ᵉʳ trimestre an XI.

3° Classe de littérature et beaux-arts :

Mémoires, t. I, 1798; t. V, 1804, in-4°.

Notice des travaux de la classe de littérature et beaux-arts, du 2ᵉ trimestre an IX au 1ᵉʳ trimestre an XI.

Discours prononcés aux funérailles des membres de l'Institut national, in-4°.

Programme des prix proposés, de l'an IV de la République au 15 vendémiaire an XI, in-4°.

Rapports et travaux de l'an IV à l'an XI, 2 vol. in-4°.

La collection des travaux de l'*Institut national de France*, de l'*Institut de France*, de l'*Institut impérial* et de l'*Institut royal* comprend :

1° Classe des sciences mathématiques et physiques :

Mémoires, t. I, 1806; t. VI, 1818, in-4°.

Rapports et travaux divers (1804-1816), 2 vol. in-4°.

Mémoires présentés par divers savants, t. I, 1806; t. II, 1811, in-4°.

PARIS. (*Suite.*)

Base du système métrique décimal ou mesure de l'arc du méridien compris entre les parallèles de Dunkerque et Barcelone, exécutée en 1792 et années suivantes, par MM. Méchain et Delambre. (Paris, 1806-1810, 3 vol. in-4°.)

Recueil d'observations géodésiques, astronomiques et physiques faisant suite au troisième volume de la base du système métrique, rédigé par MM. Biot et Arago. (Paris, 1821, in-4°.)

Rapport historique sur les progrès des sciences mathématiques depuis 1789 et sur leur état actuel, rédigé par M. Delambre. (Paris, 1810, in-4°.)

Rapport historique sur les progrès des sciences naturelles depuis 1789 et sur leur état actuel, rédigé par M. Cuvier. (Paris, 1810, in-4°.)

2° Classe de langue et littérature française :

Discours de réception (1803-1816), in-4°.

Rapports sur les concours et mémoires couronnés (1803-1816), in-4°.

Rapport historique sur l'état et les progrès de la littérature depuis 1789, rédigé par M. de Chénier. (Paris, 1815, in-4°.)

3° Classe d'histoire et de littérature ancienne :

Mémoires, t. I, 1815; t. IV, 1818, in-4°.

Rapports et travaux divers (1803-1816), in-4°.

Rapport historique sur les progrès de l'histoire et de la littérature ancienne depuis 1789 et sur leur état actuel, rédigé par M. Dacier. (Paris, 1810, in-4°.)

4° Classe des beaux-arts :

Rapports et travaux divers (1803-1816), in-4°.

Rapport sur les beaux-arts depuis 1789, in-4°.

Rapports des jurys institués pour le jugement des prix décennaux, in-4°.

Depuis 1816, la seule publication commune aux cinq Académies est l'*Annuaire de l'Institut,* qui forme tous les ans 1 volume in-12.

Académie d'aérostation météorologique, fondée le 2 décembre 1878 et autorisée le 20 septembre 1879.

Bulletin, t. I, 1879; t. VIII, 1886, in-8°.

Académie nationale agricole, manufacturière et commerciale, fondée en 1830 et autorisée le 26 décembre de la même année.

Journal des travaux, t. I, 1830; t. LVI, 1886, in-8°.

- **Académie des bibliophiles,** fondée en 1866.

De la bibliomanie, par *Bolliond-Mermet,* publiée par M. Paul Chéron, 1866.

Lettres à César par Salluste, traduites par M. Victor Develay, 1866.

La seiziesme joye de mariage, par M. Pierre Jannet, 1866.

PARIS. (*Suite.*)

Le testament politique du duc Charles de Lorraine, publié par M. A. de Montaiglon, 1866.

Les baisers de Jean Second, traduits par M. Victor Develay, 1866.

Semonce des Coquus de Paris en may 1535, publiée d'après un manuscrit de Soissons par M. A. de Montaiglon, 1866.

Les noms des curieux de Paris (1673), publiés par M. Louis Lacour, 1867.

Les deux testaments de Villon suivis du Banquet du bois, publiés par M. Paul Lacroix, 1867.

Les chapeaux de castor (1834), publiés par M. Louis Lacour, 1867.

Le congrès des femmes, par Érasme, traduit par M. Victor Develay, 1867.

La fille ennemie du mariage, par Érasme, traduit par M. Victor Develay, 1867.

Traité de l'amour de Dieu de L. Bernard, traduction du XVII⁰ siècle, rééditée par M. Pierre Jannet, 1867.

Œuvres de Mathurin Regnier, publiées par M. Louis Lacour, 1867.

Le mariage, par Érasme, traduit par M. Victor Develay, 1867.

Le comte de Clermont, sa cour et ses maîtresses, par M. Jules Cousin, 2 vol., 1867.

La Sorbonne et les gazetiers, par M. Jules Janin, 1867.

L'empirique, pamphlet de 1624, réédité par M. Louis Lacour, 1867.

La princesse dans le bain et le duc de Choiseul, conversation rééditée par M. Louis Lacour, 1867.

Les Précieuses Ridicules, de Molière, reproduction textuelle de la première édition, par M. Louis Lacour, 1867.

Les Rabelais de Huet, publiés par M. Baudement, 1867.

Description naïve et sensible de sainte Cécile d'Alby, réimprimée par M. d'Auriac, 1867.

Apoloquinton, de Sénèque, traduit par M. Victor Develay, 1867.

Livret annuel de l'Académie des bibliophiles, 1868.

Rapport sur les travaux de 1867-1868, présenté à la séance générale du 12 mai 1868.

Aline, reine de Golconde, par Boufflers, publié par M. Victor Develay, 1868.

Projet pour multiplier les collèges de filles, par l'abbé de Saint-Pierre, réimprimé par M. Victor Develay, 1868.

Le jeune homme et la fille de joie, par Érasme, traduit par M. Victor Develay, 1868.

Le comte de Clermont et sa cour, par M. Sainte-Beuve, 1868.

Le Grand Écuyer et la Grande Écurie, par M. Édouard de Barthélemy, 1868.

Les bains de Bade au XV⁰ siècle, par M. Antony Méray, 1868.

Éloge de Gresset par Robespierre, publié par M. D. Jouaust, 1868.

Amadis de Gaule, la bibliothèque de Don Quichotte, par M. Alphonse Pagès, 1868.

PARIS. (*Suite.*)

Maximes de La Rochefoucauld, réimpression textuelle de l'édition de 1678, par M. Louis Lacour, 1868.

Histoire de la réunion du Dauphiné à la France, par M. J. Guiffrey, 1868.

Distiques moraux de Caton, traduits par M. Victor Develay, 1868.

Sénac de Meilhan. Préface aux Annales de Tacite, publiée par M. Sainte-Beuve, 1868.

La louange des vieux soudards, réimprimée par M. Louis Lacour, 1868.

Le bréviaire du roi de Prusse, par M. Jules Janin, 1868.

L'Oublieux, comédie de Charles Perrault, publiée par M. Hippolyte Lucas, 1868.

Secrets magiques pour l'amour, publiés d'après un manuscrit de la bibliothèque Paulny, par P. J., 1868.

Le Talmud, étude par M. Deutsch, traduite de l'anglais par M. Thibaudeau, 1868.

Le sculpteur Ligier Richier, par M. Auguste Lepage, 1868.

Catalogue d'un libraire du XVe siècle tenant boutique à Tours, publié par M. le Dr Achille Chéreau, 1868.

Les cinq livres de Rabelais, publiés par M. A. de Montaiglon, 3 vol., 1868.

Les Antiquités de Castres de Pierre Borel, publiées par M. Pradel, 1868.

Les Satires de Boileau, réimpression de l'édition de 1671, publiées par M. F. de Marescot, 1868.

Mémoires d'Audiger, limonadier à Paris au XVIIe siècle, recueillis par M. Louis Lacour, 1869.

Le duc d'Antin et Louis XIV, rapports sur l'administration des bâtiments, annotés par le roi, publiés par M. Guiffrey, 1869.

Sedegi. La vache à Colas, publiée par M. Vasse, 1869.

Lettres de d'Hozier et de du Castre d'Auvigny sur l'armorial et l'hôtel du dépôt de la noblesse, publiées par M. J. Eilhol, 1869.

Le chevalier de Japinaud et les chefs vendéens du Centre, par M. le comte de Boutetière, 1869.

Les luthiers italiens aux XVIIe et XVIIIe siècles, par M. J. Gallay, 1869.

La marquise de Courcelles, mémoires et lettres, publiés par M. de Saint-Didier, 1869.

Lettres persanes de Montesquieu, publiées par MM. Louis Lacour et D. Jouaust, 1869.

Maître Guilloche. Prophétie du roi Charles VIII, publiée par M. de la Grange, 1869.

Théâtre complet de Beaumarchais, publié par MM. G. d'Heyllé et de Marescot, 4 vol., 1869.

Satires de Perse avec les préliminaires de Casaubon, traduits par M. Victor Develay, 1869.

IMPRIMERIE NATIONALE.

PARIS. (*Suite.*)

Julie, poème de Jean Second, traduit par M. Victor Develay, 1869.

Voltaire. Candide, réimpression de l'édition originale; par M. Paul Chéron, 1869.

Les caractères de la tragédie, manuscrit inédit attribué à La Bruyère, 1870.

Mémoire de l'élection à l'empire de Charles VII, électeur de Bavière, publié par M. Lepage, 1870.

Les monogrammes historiques d'après les manuscrits originaux, par M. Bonvenni, 1870.

Documents inédits sur le Poitou, publiés par M. Bauchet-Filleau, 1870.

Les 95 thèses de Martin Luther à Wittenberg, publiées par M. Charles Read, 1870.

Académie des lettres, sciences et beaux-arts de la province, fondée le 4 janvier 1880 et autorisée le 27 janvier de la même année.

La Province, revue mensuelle, in-8°.

Académie de médecine, fondée le 10 octobre 1778 sous le nom de *Société royale de médecine*, supprimée en 1793 et rétablie par ordonnance royale du 20 décembre 1820.

Mémoires, t. I, 1828; t. XXXIV, 1884, in-4°.

Bulletin, 1re série, t. I, 1836; t. XXVI, 1871, in-8°. — 2e série, t. I, 1872; t. XVI, 1886, in-8°.

Annuaire annuel, in-12.

Rapport sur le service des vaccinations, n° 1, 1801; n° 69, 1886, in-8°.

Rapport annuel de la commission permanente de l'hygiène de l'enfance, n° 1, 1871; n° 16, 1886, in-8°.

Académie des poètes, fondée au mois de mai 1854 et autorisée le 17 octobre de la même année.

Revue de la poésie, paraissant par livraisons mensuelles, in-8°.

Les Olympiades, formant 1 volume in-8° tous les deux ans.

Association du centenaire de 1789, fondée en 1886.

La Révolution française, revue mensuelle, t. I, 1887, in-8°.

Association de l'industrie française pour la défense du travail national, fondée en 1880.

Le Travail national, journal hebdomadaire.

Comptes rendus des séances, annuels, in-8°.

Association littéraire et artistique internationale, fondée le 29 juin 1878 et autorisée le 3 mars 1880.

Bulletin mensuel, in-8°.

PARIS. (*Suite.*)

*Association philotechnique, fondée le 29 mars 1848 et *reconnue comme établissement d'utilité publique le* 10 février 1879.

Bulletin, t. I, 1879; t. VII, 1886, in-8°.

*Association polytechnique pour le développement de l'instruction populaire, fondée en 1830 et *reconnue comme établissement d'utilité publique* le 30 juin 1869.

Comptes rendus, n° 1, 1832; n° 2, 1835, in-8°.

Rapports, n° 1, 1837; n° 10, 1879-1880, in-8°.

Discours prononcés aux distributions des prix, de 1851 à 1880, broch. in-8°.

Procès-verbaux, n° 1, 1871; n° 11, 1879-1880, in-8°.

Bulletin, t. I, 1881; t. VI, 1886, in-8°.

Annuaire, n° 1, 1881-1882, in-8°.

Notions générales d'astronomie populaire, par M. Émile Mouchelet, in-12.

La vapeur et l'électricité appliquées aux arts et à l'industrie, par M. G. Dumont, in-12.

Droit civil et commercial, par M. E. Prat, in-12.

Leçons de législation usuelle, par M. Viel-Lamarre, in-12.

Principes de mécanique générale, par M. Longchampt, in-12.

Grammaire française, par M. Edmond Douay, in-12.

Abrégé de grammaire anglaise, par M. Sanderson, in-12.

Notions pratiques d'hygiène, par M. le Dr Picqué, in-12.

Leçons élémentaires de musique instrumentale, par M. A. Hervé, in-12.

Histoire de l'Association polytechnique et du développement de l'instruction populaire, in-4°.

Association parisienne des propriétaires d'appareils à vapeur, fondée en 1873.

Bulletin, t. I, 1873; t. XIII, 1886, in-8°.

*Association française pour l'avancement des sciences, fondée en 1872, *reconnue comme établissement d'utilité publique le* 9 mai 1876 et réunie à *l'Association scientifique de France* le 28 septembre 1886.

Comptes rendus, t. I, 1872; t. XV, 1886, in-8°.

*Association pour l'encouragement des études grecques en France, fondée en 1867, autorisée le 7 mai de la même année et *reconnue comme établissement d'utilité publique le* 7 juillet 1869.

Annuaire, t. I, 1867; t. XX, 1886, in-8°.

Monuments grecs, 1er fascicule, 1872; 13e fascicule, 1886, in-4°.

PARIS. (*Suite.*)

Association pour la défense de la liberté commerciale, fondée en 1886.

Bulletin trimestriel, paraissant depuis 1886, in-8°.

Association scientifique de France, fondée en 1864 et réunie à l'*Association française pour l'avancement des sciences* le 28 septembre 1886.

Bulletin hebdomadaire, in-8°.

Athénée oriental, fondé en 1864.

Bulletin, 1re série, t. I, 1868; t. II, 1870, in-8°. — 2° série, t. I, 1871; t. IX, 1879, in-8°. — 3° série, t. I, 1880; t. VII, 1886, in-8°.

Mémoires, t. I, 1873, in-4°.

Variétés orientales historiques, géographiques, scientifiques et littéraires, par M. Léon de Rosny. (Paris, 1867, in-8°.)

Dictionnaire des signes idéographiques de la Chine, avec leur prononciation usitée au Japon, par M. Léon de Rosny. (Paris, 1867, in-8°.)

Grammaire générale indo-européenne suivie d'extraits de poésies indiennes, par M. G. Eichhoff. (Paris, 1869, in-8°.)

Li-Sao, poème du IIIe siècle avant notre ère, traduit du chinois et publié avec le texte original par M. le marquis d'Hervey de Saint-Denys. (Paris, 1870, in-8°.)

***Cercle parisien de la ligue d'enseignement**, fondé au mois de janvier 1876 et *reconnu comme établissement d'utilité publique* le 4 juin 1880.

Club alpin français, fondé en 1874.

Annuaire, t. I, 1874; t. XIII, 1886, in-8°.

Bulletin, paraissant par livraisons depuis 1876, in-8°.

Bulletin de la section du Jura, paraissant depuis 1875, in-8°.

Annuaire de la section du Jura, paraissant depuis 1881, in-8°.

Bulletin de la section de l'Isère, paraissant depuis 1875, in-8°.

Bulletin de la section de Saône-et-Loire, paraissant depuis 1876, in-8°.

Bulletin de la section d'Auvergne, paraissant depuis 1877, in-8°.

Bulletin de la section du Sud-Ouest, paraissant depuis 1877, in-8°.

Bulletin de la section lyonnaise, paraissant depuis 1878, in-8°.

Bulletin de la section de la Côte-d'Or et du Morvan, paraissant depuis 1878, in-8°.

Bulletin de la section de Provence, paraissant depuis 1880, in-8°.

Bulletin de la section des Alpes-Maritimes, paraissant depuis 1880, in-8°.

Bulletin de la section de l'Atlas, paraissant depuis 1880, in-8°.

Bulletin de la section vosgienne, paraissant depuis 1882, in-8°.

Bulletin de la section de la Lozère et des Causses, paraissant depuis 1886, in-8°.

Paris. (*Suite.*)

Comité d'histoire et d'archéologie du diocèse de Paris, fondé en 1883.

Bulletin, t. I, 1883; t. IV, 1886, in-8°.

Comité des monuments français, fondé en 1886.

L'Ami des monuments, revue trimestrielle, t. I, 1887, in-8°.

Institut sténographique des Deux-Mondes, fondé en 1872 et autorisé le 18 juillet de la même année.

Comptes rendus de 1872 à 1876, in-8°.

Le Sténographe, journal hebdomadaire, in-12.

Le Grand Sténographe, journal bi-mensuel, in-fol.

Le Journal des Sténographes, journal bi-hebdomadaire, in-fol.

Almanach sténographique, n° 1, 1877; n° 9, 1886, in-8°.

Bulletin trimestriel, paraissant depuis 1887, in-8°.

L'enseignement par la sténographie. (Paris, 1882-1883, 2 vol. in-8°.)

Rapports des instituteurs sténographes à l'Institut sténographique, t. I, 1886, in-12.

Ligue française de l'enseignement pour la propagande de l'instruction dans les départements, fondée en 1881.

Bulletin, t. I, 1881; t. VI, 1886, in-8°.

Société contre l'abus du tabac, fondée le 15 décembre 1876 et autorisée le 15 février 1877.

Journal mensuel, in-8°.

Le tabac devant l'hygiène, par M. Decroix. (Paris, 1886, in-8°.)

Effets du tabac sur l'intelligence et en particulier sur la mémoire, par M. le Dr Rouillard. (Paris, 1886, in-8°.)

Société nationale d'acclimatation de France, fondée le 10 février 1854 sous le nom de *Société zoologique d'acclimatation*, autorisée le 30 avril suivant et *reconnue comme établissement d'utilité publique* le 28 février 1872.

Bulletin, 1re série, t. I, 1854; t. X, 1863, in-8°. — 2e série, t. I, 1864; t. X, 1873, in-8°. — 3e série, t. I, 1874; t. X, 1883, in-8°. — 4e série, t. I, 1884; t. III, 1886, in-8°.

Annuaire, t. I, 1862, in-8°.

Société nationale d'agriculture de France, fondée le 1er mars 1761 et *reconnue comme établissement d'utilité publique* le 23 août 1878.

Mémoires, t. I, 1761; t. CXXX, 1886, in-8°.

Une table générale des matières contenues dans les *Mémoires*, de 1801 à 1850, a été publiée par M. Maurice Block en 1851.

PARIS. (*Suite.*)

Bulletin, t. I, 1837; t. XLVI, 1886, in-8°.

Annuaire annuel, in-12.

Théâtre d'agriculture d'Olivier de Serres. (Paris, 1804, in-4°.)

Biographie des membres de la Société, 2 vol. in-8°.

Enquête relative à la situation de l'agriculture en France. (Paris, 1879, 2 vol. in-8°.)

Enquête sur le crédit agricole, publiée par M. Barral. (Paris, 1884-1885, 2 vol. in-8°.)

*Société des agriculteurs de France, fondée le 12 mai 1868, autorisée le 12 janvier 1870 et reconnue comme établissement d'utilité publique le 18 février 1872.

Bulletin, t. I, 1869; t. XXV, 1886, in-8°.

Annuaire, t. I, 1868; t. XVII, 1886, in-8°.

Congrès agricole de Lyon. (Paris, 1869, in-8°.)

Congrès viticole et séricicole de Lyon. (Paris, 1872, in-8°.)

Congrès agricole de Châteauroux. (Châteauroux, 1872, in-8°.)

Rapport de la Commission internationale de viticulture, in-8°.

L'agriculture de l'Angleterre, in-8°.

L'agriculture de l'Écosse, de l'Irlande, de l'Inde et de l'Australie, in-8°.

L'agriculture belge, par M. E. de Laveleye, in-8°.

Économie rurale du Danemark, in-8°.

L'agriculture en Italie, in-8°.

L'agriculture au Pérou, in-8°.

L'agriculture à la Guadeloupe, in-8°.

Traité des irrigations appliquées aux terres en culture, aux jardins et aux prairies, par M. J. de Cossigny, in-8°.

Situation du métayage en France, par M. le comte de Tourdonnet, in-8°.

*Société américaine de France, fondée en 1857 et reconnue comme établissement d'utilité publique le 15 avril 1878.

Archives, 1re série, t. I, 1857; t. IV, 1861, in-8°. — 2e série, t. I, 1875; t. IV, 1886, in-8°.

Annuaires, t. I, 1863-1865; t. IV, 1876-1878, in-8°.

Lettre de Christophe Colomb sur la découverte du nouveau monde, publiée par M. Lucien de Rosny. (Paris, 1865, in-8°.)

Essai sur le déchiffrement de l'écriture hiératique de l'Amérique centrale, par M. Léon de Rosny. (Paris, 1875, in-fol. avec planches.)

Études critiques sur l'archéologie américaine, par M. E. Madier de Montjau. (Paris, 1877, in-8° avec planches.)

Paris. (*Suite.*)

Société française des amis de la paix, fondée en 1867 et autorisée le 13 novembre 1878.

Bulletin mensuel, in-8°.

Société des amis des monuments parisiens, fondée en 1884.

Bulletin, n°ˢ 1 et 2, 1885; n°ˢ 3 et 4, 1886, in-8°.

Société des amis des sciences, fondée en 1852.

Comptes rendus, t. I, 1858; t. XXVIII, 1886, in-8°.

Société anatomique de Paris, fondée le 4 décembre 1803 et reconstituée le 12 février 1826.

Bulletin, 1ʳᵉ série, t. I, 1826; t. XXX, 1855, in-8°. — 2ᵉ série, t. I, 1856; t. X, 1865, in-8°. — 3ᵉ série, t. I, 1866; t. X, 1875, in-8°. — 4ᵉ série, t. I, 1876; t. X, 1885, in-8°. — 5ᵉ série, t. I, 1886, in-8°.

Une table générale des matières contenues dans les tomes I à XXX du *Bulletin* a été publiée par M. le Dʳ Jules Bouteiller en 1857.

Société des anciens élèves de l'École nationale des arts et métiers, fondée en 1846.

Annuaire, t. I, 1848; t. XXXIX, 1886, in-8°.

Bulletin mensuel, in-8°.

Société des anciens élèves de l'École des sciences politiques, fondée en 1875.

Comptes rendus annuels, in-8°.

Annales de l'École libre des sciences politiques, t. I, 1886, in-8°.

Société des anciens textes français, fondée en 1875.

Bulletin, t. I, 1875; t. XII, 1886, in-8°.

Chansons du xvᵉ siècle, publiées par M. Gaston Paris, accompagnées de la musique transcrite en notation moderne par M. Auguste Gevaert. (Paris, 1875, in-8°.)

Les plus anciens monuments de la langue française, publiés par M. Gaston Paris. (Paris, 1875, album in fol.)

Brun de la Montaigne, roman d'aventure, publié par M. Paul Meyer. (Paris, 1875, in-8°.)

Guillaume de Palerne, publié par M. H. Michelant. (Paris, 1876, in-8°.)

Deux rédactions du roman des Sept sages de Rome, publiées par M. Gaston Paris. (Paris, 1876, in-8°.)

Miracles de Nostre Dame par personnages, publiés par MM. Gaston Paris et Ulysse Robert. (Paris, 1876-1883, 7 vol. in-8°.)

PARIS. (*Suite.*)

Aiol. Chanson de geste, publiée par MM. Jacques Normand et Gaston Raynaud. (Paris, 1877, in-8°.)

Le débat des hérauts d'armes de France et d'Angleterre, suivi de The debate between the heralds of England and France by John Coke, édition commencée par M. Léopold Pannier et achevée par M. Paul Meyer. (Paris, 1877, in-8°.)

OEuvres complètes d'Eustache Deschamps, publiées par M. de Queux de Saint-Hilaire. (Paris, 1878-1884, t. I à IV.)

Le mistère du Viel Testament, publié par M. le baron James de Rothschild. (Paris, 1878-1885, 5 vol. in-8°.)

Élie de Saint-Gille. Chanson de geste, publiée par M. Gaston Raynaud, accompagnée de la rédaction norvégienne, traduite par M. Eugène Koelbing. (Paris, 1879, in-8°.)

Le saint voyage de Jherusalem du seigneur d'Anglure, publié par MM. François Bonnardot et Auguste Longnon. (Paris, 1878, in-8°.)

Chronique du Mont-Saint-Michel (1343-1468), publiée par M. Siméon Luce. (Paris, 1879-1883, 2 vol. in-8°.)

Daurel et Beton. Chanson de geste provençale, publiée par M. Paul Meyer. (Paris, 1880, in-8°.)

La vie de saint Gilles, par Guillaume de Berneville, poète du XII° siècle, publiée par MM. Gaston Paris et Alphonse Bos. (Paris, 1881, in-8°.)

Raoul de Cambrai, chanson de geste, publiée par MM. Paul Meyer et Auguste Longnon. (Paris, 1882, in-8°.)

Le dit de la Panthère d'Amours, par Nicole de Margival, publié par M. Henry Todd. (Paris, 1883, in-8°.)

La mort Aymeri de Narbonne, chanson de geste, publiée par M. J. Couraye du Parc. (Paris, 1884, in-8°.)

Les œuvres poétiques de Philippe de Rémi, sire de Beaumanoir, publiées par M. Hermann Suchier. (Paris, 1884-1885, 2 vol. in-8°.)

Trois versions rimées de l'évangile de Nicodème, publiées par MM. Gaston Paris et Alphonse Bos. (Paris, 1884, in-8°.)

Fragments d'une vie de saint Thomas de Cantorbéry, en vers accouplés, publiés par M. Paul Meyer. (Paris, 1885, in-8°.)

Aymeri de Narbonne, chanson de geste, publiée par M. Louis Demaison. (Paris, 1886, in-8°.)

*Société d'anthropologie de Paris, fondée le 19 mai 1859, autorisée le 20 du même mois et *reconnue comme établissement d'utilité publique* le 22 décembre 1860.

Bulletin, 1re série, t. I, 1860; t. V, 1864, in-8°. — 2° série, t. I, 1866; t. XIII, 1878, in-8°. — 3° série, t. I, 1879; t. IX, 1886, in-8°.

Mémoires, 1re série, t. I, 1860-1863; t. III, 1868-1869, in-8°. — 2° série, t. I, 1873-1875; t. III, 1883-1885, in-8°.

*Société nationale des antiquaires de France, fondée en 1805 sous le titre d'*Académie celtique*, qu'elle conserva jusqu'en 1813; autorisée au mois de mai 1814 et *reconnue comme établissement d'utilité publique* le 4 septembre 1852.

Mémoires de l'Académie celtique, t. I, 1807; t. V, 1810, in-8°. — Il n'a paru que la 1ʳᵉ livraison du tome VI.

Mémoires de la Société des antiquaires de France, 1ʳᵉ série, t. I, 1817; t. X, 1834, in-8°. — 2ᵉ série, t. I, 1835; t. X, 1850, in-8°. — 3ᵉ série, t. I, 1852; t. X, 1867, in-8°. — 4ᵉ série, t. I, 1869; t. X, 1879, in-8°. — 5ᵉ série, t. I, 1880; t. VII, 1886, in-8°.

Annuaire, n° 1, 1848; n° 8, 1855, in-12.

Bulletin, t. I, 1857; t. XXIX, 1886, in-8°.

Société centrale d'apiculture et d'insectologie, fondée en 1856 et autorisée au mois de décembre de la même année.

Bulletin d'insectologie agricole, t. I, 1876; t. XI, 1886, in-8°.

Compte rendu des expositions bisannuelles des insectes utiles et de leurs produits, des insectes nuisibles et de leurs dégâts, in-8°.

Exposé de l'enseignement insectologique, in-8°.

*Société centrale des architectes, fondée en 1840, autorisée le 27 mai 1843 et *reconnue comme établissement d'utilité publique* le 4 août 1865.

Bulletin, 1ʳᵉ série, t. I, 1843; t. VI, 1867, in-8°. — 2ᵉ série, t. I, 1868; t. III, 1870, in-8°. — 3ᵉ série, t. I, 1871; t. III, 1873, in-8°. — 4ᵉ série, t. I, 1874; t. III, 1876, in-8°. — 5ᵉ série, t. I, 1877-1878; t. VI, 1883, in-8°. — 6ᵉ série, t. I, 1884; t. III, 1886, in-8°.

Annales, 1ʳᵉ série, t. I, 1873; t. II, 1874, in-4°.

Annuaire annuel, in-8°.

Congrès annuels des architectes français, tenus en 1881, 1882, 1883, 1884, 1885 et 1886. (Paris, 1881-1886, 6 vol. in-8°.)

Manuel des lois du bâtiment. (Paris, 1880, 5 vol. in-8°.)

Série des prix applicables aux travaux de bâtiments exécutés pour le compte des particuliers dans la ville de Paris. (Paris, 1887, in-4°.)

Conférences internationales. Session de 1867, in-8°. — Session de 1878, in-8°.

Conférences à la Société centrale des architectes. (Paris, 1884-1886, 3 vol. in-8°.)

Société nationale des architectes de France, fondée le 24 février 1872 et autorisée le 8 décembre 1873.

*L'architecte et la construction pratique réunis, 1ʳᵉ année, 1873; 14ᵉ année, 1886, in-4°.

Ce journal paraît par livraisons hebdomadaires illustrées.

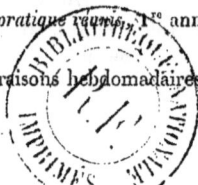

13

Paris. (*Suite.*)

*Société asiatique, fondée en 1822, autorisée le 15 avril 1829 et *reconnue comme établissement d'utilité publique le 18 avril de la même année.*

Journal asiatique, 1ʳᵉ série, t. I, 1822; t. XI, 1827, in-8°. — 2ᵉ série, t. I, 1828; t. X, 1835, in-8°. — 3ᵉ série, t. I, 1836; t. XIV, 1842, in-8°. — 4ᵉ série, t. I, 1843; t. XX, 1852, in-8°. — 5ᵉ série, t. I, 1853; t. XX, 1862, in-8°. — 6ᵉ série, t. I, 1863; t. XX, 1872, in-8°. — 7ᵉ série, t. I, 1873; t. XX, 1882, in-8°. — 8ᵉ série, t. I, 1883; t. VIII, 1886, in-8°.

Une table du *Journal asiatique* de 1822 à 1842 se trouve contenue dans le tome XIV de la 3ᵉ série.

Société libre des beaux-arts, fondée le 18 octobre 1830.

Annales, t. I, 1830; t. XXXI, 1885-1886, in-8°.

Société de l'Aude, fondée en 1882.

Bulletin, n° 1, 1884-1885, in-8°.

Société du Berry, fondée en 1853 et dissoute en 1867.

Comptes rendus, t. I, 1853; t. XIII, 1866, in-8°.

Société bibliographique, fondée le 6 février 1868 et autorisée le 27 juillet 1869.

Bulletin, t. I, 1870-1871; t. XVI, 1886, in-8°.
Polybiblion, revue bibliographique universelle, t. I, 1868; t. XLVIII, 1886, in-8°.

Société des bibliophiles françois, fondée au mois de janvier 1820.

Les carrosses à cinq sols ou les omnibus du XVIIᵉ siècle à Paris, par M. Mommerqué. (Paris, 1828, in-12.)

Jeux de cartes tarots et de cartes numérales du XIVᵉ au XVIIIᵉ siècle, publiés par M. Duchesne. (Paris, 1844, in-fol.)

L'apparition de Jehan de Meun ou le songe du prieur de salon par Honoré Bonnet (1398), publié par M. le baron Jérôme Pichon. (Paris, 1845, in-4°.)

Le Ménagier de Paris, traité de morale et d'économie domestique composé vers 1393 par un bourgeois parisien, publié par M. le baron Jérôme Pichon. (Paris, 1847, 2 vol. in-8°.)

Mélanges de littérature et d'histoire, t. I, 1850; t. IV, 1877, in-8°.

Le premier volume contient : *Notice sur la vie et les lettres de Marie-Adélaïde de Savoie, duchesse de Bourgogne. — Lettres de la duchesse de Bourgogne. — Catalogue de la bibliothèque des ducs de Bourgogne en 1524. — Aide payée par les habitants du diocèse de Paris pour la rançon du roi Jean. — Notice sur un missel du XVᵉ siècle. — Du caractère dit de civilité et des livres qui ont été imprimés au XVᵉ siècle. — Note sur un papier du XIIIᵉ siècle. — Recette de l'encre employée par Tanneguy-Lefèvre.*

Paris. (*Suite.*)

Le second contient : *Notice sur Mme la vicomtesse de Noailles. — Mémoire sur Pierre de Craon. — Conversation de Mme de Pompadour et du président de Ménière. — Notice sur un évangéliaire byzantin. — Sur Germain Pilon. — Lettres de l'abbé Vignier. — Mémoires de Pajon et de Drouais pour Mme du Barry. — Lettres du duc de Choiseul à Mme Senac de Meilhan.*

Le troisième contient : *Petite chronique française de 1270 à 1356. — Les salons de Paris vers la fin du règne de Louis XIV. — Notice sur un bibliophile émigré. — Lettres et billets de Voltaire en 1753. — Note sur la XXVe nouvelle de la reine de Navarre. — Le fauconnier parfait, par M. de Boissoudan. — Mémoire sur le vin de Champagne. — Chasses du roi Louis XV en 1725.*

Le quatrième contient : *Notice sur M. Le Roux de Lincy. — Les enseignes de Paris. — Note sur le plan de Paris par Gomboust. — Lettre autographe de Mme Geoffrin. — Instruction pour le Vidame de Chartres. — Lettre d'André Thevet, avocat au Parlement. — Choix de lettres françaises inédites de J.-A. de Thou. — État de distribution des présents de la corbeille de Mme la Dauphine. — Une entrevue de mariage sous Louis XIV.*

Heptaméron des nouvelles de Marguerite d'Angoulême, reine de Navarre, sœur de François Ier, publié par M. Le Roux de Lincy. (Paris, 1853, 3 vol. in-8°.)

Plan de la ville de Paris, dit de Gomboust, gravé en fac-similé. (Paris, 1858, in-fol.)

Registre criminel du Châtelet de Paris du 5 septembre 1389 au 18 mai 1392, publié par M. Duplès-Agier. (Paris, 1864, 2 vol. in-8°.)

Les blasons domestiques, par Gilles Corrozet, libraire de Paris, publiés par M. Paulin Paris. (Paris, 1865, in-16.)

Inventaire de la bibliothèque du roi Charles VI, fait au Louvre, en 1423, par ordre du régent duc de Bedford, publié par M. Douët d'Arcq. (Paris, 1867, in-8°.)

Livre-journal de Lazare Duvaux, marchand bijoutier ordinaire du roy (1748-1758), précédé d'une étude sur le goût et sur le commerce des objets d'art au milieu du XVIIIe siècle, publié par M. Courajod. (Paris, 1873, 2 vol. in-8°.)

Voyage de Lister à Paris en 1698, publié par M. Ernest de Sermizelles. (Paris, 1873, in-8°.)

Livre du Voir, dit de Guillaume de Machaut, publié par M. Paulin Paris. (Paris, 1875, in-8°.)

La suite des œuvres poétiques de Vatel, reproduite en fac-similé, avec une préface de Mgr le duc d'Aumale. (Paris, 1881, in-fol.)

Histoire journalière de Paris, de Dubois de Saint-Gelais (1716-1717), publiée par M. Tourneux. (Paris, 1885, in-12.)

* **Société de biologie,** fondée au mois de mai 1848 et *reconnue comme établissement d'utilité publique* le 15 novembre 1864.

Comptes rendus et mémoires, 1re série, t. I, 1849; t. V, 1853, in-8°. — 2e série.

PARIS. (*Suite.*)

t. I, 1854; t. V, 1858, in-8°. — 3ᵉ série, t. I, 1859; t. V, 1863, in-8°. — 4ᵉ série, t. I, 1864; t. V, 1868, in-8°. — 5ᵉ série, t. I, 1869; t. V, 1873, in-8°. — 6ᵉ série, t. I, 1874; t. V, 1878, in-8°. — 7ᵉ série, t. I, 1879; t. V, 1883, in-8°. — 8ᵉ série, t. J, 1884; t. III, 1886, in-8°.

* Société botanique de France, fondée le 23 avril 1854, autorisée le 3 août de la même année et *reconnue comme établissement d'utilité publique* le 17 août 1875.

Bulletin, t. I, 1855; t. XXXIII, 1886, in-8°.

Société française de botanique, fondée en 1882.

Revue de botanique, t. I, 1882-1883; t. IV, 1884-1885, in-8°.

* Société chimique de Paris, fondée au mois de juin 1857, autorisée la même année et *reconnue comme établissement d'utilité publique* le 27 novembre 1864.

Bulletin, 1ʳᵉ série, t. I, 1861; t. III, 1863, in-8°. — 2ᵉ série, t. I, 1864; t. XLV, 1886, in-8°.

Répertoire de chimie pure, t. I, 1859; t. IV, 1862, in-8°.

Répertoire de chimie appliquée, t. I, 1859; t. V, 1863, in-8°.

Une table générale des matières contenues dans les *Bulletins* de la Société et dans les *Répertoires de chimie* a été publiée par M. Willm en 1876.

Leçons de chimie. (Paris, 1860, in-8°.)

Leçons de chimie et de physique. (Paris, 1861-1862, 2 vol. in-8°.)

* Société nationale de chirurgie, fondée le 23 août 1843 et *reconnue comme établissement d'utilité publique* le 29 août 1859.

Bulletin, 1ʳᵉ série, t. I, 1851; t. X, 1860, in-8°. — 2ᵉ série, t. I, 1861; t. XII, 1872, in-8°. — 3ᵉ série, t. I, 1873; t. II, 1874, in-8°.

Mémoires, t. I, 1847; t. VII, 1873, in-4°.

Bulletins et mémoires, t. I, 1875; t. XII, 1886, in-8°.

Société Cuviérienne, fondée en 1838.

Revue zoologique, t. I, 1838; t. XI, 1848, in-8°.

* Société de l'École nationale des chartes, fondée au mois d'avril 1839, autorisée la même année et *reconnue comme établissement d'utilité publique* le 29 août 1854.

Bibliothèque de l'École des chartes, 1ʳᵉ série, t. I, 1839-1840; t. V, 1843-1844, in-8°. — 2ᵉ série, t. I, 1844; t. V, 1848-1849; in-8° (t. VI à X). — 3ᵉ série,

Paris. (*Suite.*)

t. I, 1849; t. V, 1854, in-8° (t. XI à XV). — 4ᵉ série, t. I, 1855; t. V, 1859, in-8° (t. XVI à XX). — 5ᵉ série, t. I, 1860; t. V, 1864, in-8° (t. XXI à XXV). — 6ᵉ série, t. I, 1865; t. V, 1869, in-8° (t. XXVI à XXX). — 7ᵉ série, t. XXXI, 1870; t. XLVII, 1886, in-8°.

Les tables des matières contenues dans la *Bibliothèque de l'École des chartes* de 1839 à 1869 ont été publiées en 3 fascicules in-8°. La table des années 1869-1880 est sous presse.

Extraits des comptes et mémoriaux du roi René pour servir à l'histoire des arts au XVᵉ siècle, par M. A. Lecoy de la Marche. (Paris, 1873, in-8°.)

Cartulaire de l'abbaye de Conques en Rouergue, publié par M. Gustave Desjardins. (Paris, 1879, in-8°.)

Livret de l'École des chartes. (Paris, 1879, in-12.)

Société d'économie politique de Paris, fondée le 15 novembre 1842 et *reconnue comme établissement d'utilité publique* le 6 décembre 1886.

Journal des économistes, 1ʳᵉ série, t. I, 1843; t. XXXVII, 1853, in-8°. — 2ᵉ série, t. I, 1854; t. XLVIII, 1865, in-8°. — 3ᵉ série, t. I, 1866; t. XLVIII, 1877, in-8°. — 4ᵉ série, t. I, 1878; t. XXXVI, 1886, in-8°.

Ce journal paraît par livraisons mensuelles. La table des volumes des deux premières séries a été publiée en 1866 et la table des volumes parus de 1866 à 1883 a été imprimée en 1884.

Société internationale des études pratiques d'économie sociale, fondée en 1856 et *reconnue comme établissement d'utilité publique* le 15 mai 1869.

Bulletin, t. I, 1866; t. IX, 1885, in-8°.

Les ouvriers des deux mondes, 1ʳᵉ série, t. I, 1858; t. V, 1885, in-8°. — 2ᵉ série, t. I, 1886, in-8°.

Exposition de 1867. Rapport sur les ateliers qui conservent le mieux la paix sociale. (Paris, 1868, in-8°.)

Annuaire des Unions et de l'économie sociale. (Paris, 1875-1880, 5 vol. in-8°.)

La réforme sociale. (Paris, 1886, 2 vol. in-8°.)

Société internationale des électriciens, fondée en 1883 et *reconnue comme établissement d'utilité publique* le 7 décembre 1886.

Bulletin mensuel, t. I, 1884; t. III, 1886, in-8°.

Société d'encouragement pour l'industrie nationale, fondée le 1ᵉʳ novembre 1801 et *reconnue comme établissement d'utilité publique* le 21 avril 1824.

Bulletin, t. I, 1802; t. LXXXIV, 1886, in-4°.

Les tables générales des matières contenues dans le *Bulletin* de 1802 à 1874 ont paru en 5 fascicules in-4°.

Paris. (*Suite.*)

Société pour l'étude des questions d'enseignement secondaire, fondée en 1879 et autorisée le 26 décembre de la même année.

Bulletin, t. I, 1880; t. II, 1881, in-8°.

Depuis 1882, les travaux de la Société ont été insérés dans le *Bulletin pédagogique d'enseignement secondaire*, et depuis 1884, ils sont publiés par le journal *l'Université*.

Société d'enseignement supérieur, fondée en 1878.

Études, t. I, 1878; t. III, 1880, in-8°.

Revue internationale de l'enseignement, t. I, 1881; t. XI, 1886, in-8°.

*Société entomologique de France, fondée le 29 février 1832, autorisée en 1842 et *reconnue comme établissement d'utilité publique* le 23 août 1878.

Annales, t. I, 1832; t. IX, 1842, in-8°. — 2ᵉ série, t. I, 1843; t. X, 1852, in-8°. — 3ᵉ série, t. I, 1853; t. VIII, 1860, in-8°. — 4ᵉ série, t. I, 1861; t. X, 1870, in-8°. — 5ᵉ série, t. I, 1871; t. X, 1880, in-8°. — 6ᵉ série, t. I, 1881; t. VI, 1886, in-8°.

Deux tables générales des *Annales*, de 1832 à 1860 et de 1861 à 1880, ont paru en 1867 et en 1885.

Bulletin, paraissant par livraisons bi-mensuelles depuis 1879, in-8°.

Monographie des Eucnémides, publiée par M. le comte de Bonvouloir. (Paris, 1870-1872, in-8° avec planches.)

Catalogue des livres de la bibliothèque de la Société, par M. le comte de Bonvouloir. (Paris, 1872, in-8°.)

Coléoptères du bassin de la Seine, par M. L. Bedel. (Paris, 1881-1887, in-8° avec planches.)

Société ethnologique, fondée en 1840.

Mémoires, t. I, 1841; t. II, 1845, in-8°.

Bulletin, t. I, 1846-1847, in-8°.

*Société d'ethnographie, fondée le 15 avril 1859, autorisée le 26 avril de la même année et *reconnue comme établissement d'utilité publique* le 14 juin 1880.

Actes, t. I, 1859; t. IX, 1880, in-8°.

Revue orientale et américaine, t. I, 1859; t. XIV, 1880, in-8°.

Annuaire, t. I, 1859; t. XI, 1880, in-12.

Mémoires, t. I, 1880-1885; t. II, 1886-1887, in-8°.

Collection ethnographique, série de planches photographiées.

Collection anthropologique, série de planches héliogravées.

PARIS. (*Suite.*)

Lettres à M. Léon de Rosny sur l'archipel japonais et la Tartarie orientale, par le P. Forbes, précédées d'une introduction par M. Cortambert et suivies d'un traité de philosophie japonaise et de plusieurs vocabulaires. (Paris, 1860, in-12.)

Tableau de la Cochinchine, par MM. Cortambert et Léon de Rosny, précédé d'une introduction par M. le baron Paul de Bourgoing. (Paris, 1862, in-8°.)

Études sur les populations de la Perse et des pays limitrophes pendant trois années de séjour en Asie, par M. E. Duhousset. (Paris, 1863, in-8°.)

Notice descriptive de l'exposition ethnographique de la Société à l'Exposition universelle de 1867. (Paris, 1867, in-8°.)

Société des études coloniales et maritimes, fondée le 26 mai 1876 et autorisée le 25 septembre de la même année.

Bulletin, t. I, 1876; t. IX, 1886, in-8°.

*****Société des études historiques**, fondée le 24 décembre 1833 sous le nom d'*Institut historique*, reconstituée le 13 mars 1872 et *reconnue comme établissement d'utilité publique* le 3 mai 1872.

Congrès historiques, t. I, 1835; t. VI, 1843, in-8°.

Journal, publié sous le titre d'*Investigateur* à partir de l'année 1841, 1re série, t. I, 1834; t. XII, 1840, in-8°. — 2e série, t. I, 1841; t. X, 1850, in-8°. — 3e série, t. I, 1851; t. X, 1860, in-8°. — 4e série, t. I, 1861; t. XX, 1882, in-8°.

Revue, t. I, 1883; t. IV, 1886, in-8°.

Société des études japonaises, chinoises, tartares, indo-chinoises et océaniennes, fondée en 1872.

Mémoires, t. I, 1873-1876; t. III, 1880-1884, in-8°.

Grammaire chinoise, par M. Léon de Rosny, in-8°.

Textes chinois anciens et modernes, par M. Léon de Rosny, in-8°.

Les îles Philippines, par M. le comte de Montblanc, in-8°.

Extraits des historiens du Japon, in-8°.

Chrestomathie religieuse de l'Extrême Orient publiée en caractères chinois, japonais et mandchoux, in-8°.

Éléments de la grammaire japonaise, langue vulgaire, publiés par M. Léon de Rosny, in-8°.

Concordance des dates chinoises et japonaises, par M. Alfred Millioud, in-8°.

Société des études juives, fondée en 1880.

Revue des études juives, t. I, 1880; t. XIII, 1886, in-8°.

Annuaire, t. I, 1882; t. IV, 1885, in-8°.

PARIS. (Suite.)

Actes et conférences, t. I, 1886, in-8°.

Tables du calendrier juif depuis l'ère chrétienne jusqu'au xxxe siècle, avec la concordance des dates juives et des dates chrétiennes et une méthode nouvelle pour calculer ces tables, par M. Isidore Loeb. (Paris, 1886, in-4°.)

Société d'études philosophiques et sociales, fondée en 1883 sous le nom de Société d'études philosophiques et morales.

Bulletin, t. I, 1885; t. II, 1886, in-8°.

Société d'études scientifiques de Paris, fondée en 1877.

Bulletin, t. I, 1878; t. IX, 1886, in-8°.

Société d'études zoologiques, fondée en 1880.

*Société de géographie, fondée le 15 décembre 1821, autorisée et reconnue comme établissement d'utilité publique le 14 décembre 1827.

Bulletin, 1re série, t. I, 1822; t. XX, 1833, in-8°. — 2e série, t. I, 1834; t. XX, 1843, in-8°. — 3e série, t. I, 1844; t. XIV, 1850, in-8°. — 4e série, t. I, 1851; t. XX, 1860, in-8°. — 5e série, t. I, 1861; t. XX, 1870, in-8°. — 6e série, t. I, 1871; t. XX, 1880, in-8°. — 7e série, t. I, 1881; t. VII, 1886, in-8°.

Les tables des quatre premières séries du Bulletin ont paru en 1845 et en 1866.

Comptes rendus des séances, in-8°, paraissant par livraisons bi-mensuelles depuis 1882.

Recueil de voyages et de mémoires, t. I, 1824; t. VIII, 1866, in-8°.

*Société de géographie commerciale de Paris, fondée en 1873 et reconnue comme établissement d'utilité publique le 31 mai 1884.

Bulletin, t. I, 1879; t. VIII, 1886, in-8°.

*Société géologique de France, fondée le 17 mars 1830, autorisée et reconnue comme établissement d'utilité publique le 3 avril 1832.

Bulletin, 1re série, t. I, 1830; t. XIV, 1843, in-8°. — 2e série, t. I, 1844; t. XXIX, 1872, in-8°. — 3e série, t. I, 1873; t. XIV, 1886, in-8°.

Mémoires, 1re série, t. I, 1833; t. V, 1843, in-4°. — 2e série, t. I, 1844; t. X, 1877, in-4°. — 3e série, t. I, 1877; t. IV, 1886, in-4°.

Histoire des progrès de la géologie, de 1834 à 1859. (Paris, 1847-1860, 8 vol. in-8°.)

Société de graphologie, fondée en 1871 et autorisée le 23 février 1886.

La Graphologie, journal mensuel, paraissant depuis 1871, in-4°.

Cours de graphologie, par M. Varinard. (Paris, 1885, in-12.)

PARIS. (Suite.)

Société héraldique et généalogique, fondée en 1879.

Bulletin, t. I, 1879-1880; t. V, 1886, in-8°.

Société de l'histoire de l'art français, fondée en 1872.

Bulletin, t. I, 1875; t. IV, 1878, in-8°.

Revue de l'art français ancien et moderne, t. I, 1884; t. III, 1886, in-8°.

Les nouvelles archives de l'art français, t. I, 1872; t. XII, 1885, in-8°.

Mémoires pour servir à l'histoire des maisons royales et bastimens de France, par M. André Félibien. (Paris, 1874, in-8°.)

Procès-verbaux de l'Académie royale de peinture et de sculpture (1643-1768), publiés par M. A. de Montaiglon. (Paris, 1875-1886, 7 vol. in-8°.)

Les comptes des bâtiments du Roi (1528-1571), publiés par M. Léon de Laborde et complétés par MM. A. de Montaiglon et J. Guiffrey. (Paris, 1877-1880, 2 vol. in-8°.)

État civil d'artistes français du XIXe *siècle,* par M. H. Lavigne. (Paris, 1881, in-8°.)

Mémoires inédits de Charles-Nicolas Cochin, publiés par M. Charles Henry. (Paris, 1880, in-8°.)

La stromatourgie, publiée par MM. A. Darcel et J. Guiffrey. (Paris, 1882, in-8°.)

État civil des peintres et sculpteurs de l'Académie royale (1648-1713), par M. Octave Fidière. (Paris, 1883, in-8°.)

Société d'histoire diplomatique, fondée en 1886.

Revue d'histoire diplomatique, t. I, 1887, in-8°.

*Société de l'histoire de France, fondée le 21 décembre 1833, autorisée en mars 1834 et *reconnue comme établissement d'utilité publique* le 21 juillet 1851.

Annuaire historique, t. I, 1836; t. XXVII, 1863, in-12.

Annuaire-Bulletin, 1re série, t. I, 1834; t. XXIII, 1862, in-8°. — 2e série, t. I, 1863; t. XXIII, 1886, in-8°.

La table de la 1re série de l'*Annuaire-Bulletin* a été publiée en 1867 et celle de la 2e série (1863-1884) a paru en 1886.

L'ystoire de li Normant et la chronique de Robert Viscart, par Aimé, moine du Mont-Cassin, publiées par M. Champollion-Figeac. (Paris, 1835, in-8°.)

Lettres du cardinal de Mazarin à la reine, à la princesse Palatine, etc., écrites pendant sa retraite hors de France, en 1651 et 1652, publiées par M. Ravenel. (Paris, 1836, in-8°.)

Histoire ecclésiastique des Francs par Grégoire de Tours, publiée par MM. J. Guadet et Taranne. (Paris, 1836-1837, 4 vol. in-8°.)

Mémoires de Pierre de Fénin, publiés par Mlle Dupont. (Paris, 1837, in-8°.)

14

PARIS. (*Suite.*)

Orderici Vitalis Angligenæ, cœnobii Uticensis monachi, historiæ ecclesiasticæ libri tredecim, publiés par M. Le Prévost. (Paris, 1838-1855, 5 vol. in-8°.)

De la conqueste de Constantinoble, par Jeoffroi de Villehardouin, publiée par M. Paulin Paris. (Paris, 1838, in-8°.)

Correspondance de l'empereur Maximilien I⁶ et de Marguerite, sa fille, gouvernante des Pays-Bas, de 1507 à 1519, publiée par M. Le Glay. (Paris, 1839, 1 vol. in-8°.)

Mémoires de Philippe de Commynes, publiés par Mⁱˡᵉ Dupont. (Paris, 1840-1847, 3 vol. in-8°.)

Œuvres complètes d'Éginhard, publiées par M. A. Teulet. (Paris, 1840-1843, 2 vol. in-8°.)

Histoire des ducs de Normandie et des rois d'Angleterre, publiée par M. Francisque Michel. (Paris, 1840, in-8°.)

Procès de condamnation et de réhabilitation de Jeanne d'Arc, publié par M. Jules Quicherat. (P aris, 1841-1849, 5 vol. in-8°.)

Lettres de Marguerite d'Angoulême, sœur de François I⁶, reine de Navarre, publiées par M. F. Génin. (Paris, 1841-1844, in-8°.)

Mémoires du comte de Coligny-Saligny et mémoires du marquis de Villette, publiés par M. Mommerqué. (Paris, 1841-1844, in-8°.)

Les coutumes de Beauvoisis, par Philippe de Beaumanoir, publiées par M. le comte Beugnot. (Paris, 1842, 2 vol. in-8°.)

Nouvelles lettres de la reine de Navarre, adressées à François I⁶ son frère, publiées par M. F. Génin. (Paris, 1842, in-8°.)

Mémoires et lettres de Marguerite de Valois, publiés par M. F. Guessard. (Paris, 1842, in-8°.)

Chronique latine de Guillaume de Nangis, de 1113 à 1300, avec les continuations de cette chronique de 1300 à 1368, publiée par M. H. Géraud. (Paris, 1843, 2 vol. in-8°.)

Richer. Histoire de son temps, publiée par M. J. Guadet. (Paris, 1845, 2 vol. in-8°.)

Registres de l'hôtel de ville de Paris pendant la Fronde, publiés par MM. Le Roux de Lincy et L. Douët d'Arcq. (Paris, 1847-1848, 3 vol. in 8°.)

Journal historique et anecdotique du règne de Louis XV, par Barbier, publié par M. A. de la Villegille. (Paris, 1847-1856, 4 vol. in-8°.)

Vie de saint Louis, par Le Nain de Tillemont, publiée par M. J. de Gaulle. (Paris, 1847-1851, 6 vol. in-8°.)

Bibliographie des Mazarinades, publiée par M. C. Moreau. (Paris, 1850-1851, 3 vol. in-8°.)

Comptes de l'argenterie des rois de France au xiv⁶ siècle, publiés par M. L. Douët d'Arcq. (Paris, 1851, in-8°.)

Mémoires de Daniel de Cosnac, archevêque d'Aix, publiés par M. le comte de Cosnac. (Paris, 1852, 2 vol. in-8°.)

PARIS. (*Suite.*)

Choix de Mazarinades, publié par M. C. Moreau. (Paris, 1853, 2 vol. in-8°.)

Journal d'un bourgeois de Paris sous le règne de François I, publié par M. Ludovic Lalanne. (Paris, 1854, in-8°.)

Histoire de Charles VII et de Louis XI, par Thomas Basin, évêque de Lisieux, publiée par M. Jules Quicherat. (Paris, 1855-1859, 4 vol. in-8°.)

Mémoires de Mathieu de Molé, publiés par M. Champollion-Figeac. (Paris, 1855-1857, 4 vol. in-8°.)

Chroniques des comtes d'Anjou, publiées par MM. Marchegay et Salmon. (Paris, 1856, in-8°.)

La chronique d'Enguerran de Monstrelet, publiée par M. L. Douët d'Arcq. (Paris, 1857-1862, 6 vol. in-8°.)

Le livre des miracles et autres opuscules de Grégoire de Tours, publié par M. Bordier. (Paris, 1857-1865, 4 vol. in-8°.)

Les miracles de saint Benoît, écrits par Adrewald, Aimoin, André, Raoul Tortaire et Hugues de Sainte-Marie, moines de Fleury, publiés par M. de Certain. (Paris, 1858, in-8°.)

Anchiennes chronicques d'Engleterre, par Jehan de Wavrin, publiées par Mlle Dupont. (Paris, 1858-1863, 3 vol. in-8°.)

Journal et mémoires du marquis d'Argenson, publiés par M. Rathery. (Paris, 1859-1867, 9 vol. in-8°.)

Mémoires du marquis de Beauvais-Nangis et journal du procès de La Boulaye, publiés par MM. Mommerqué et Taillandier. (Paris, 1862, in-8°.)

Chronique des quatre premiers Valois (1327-1393), publiée par M. Siméon Luce. (Paris, 1862, in-8°.)

Choix de pièces inédites relatives au règne de Charles VI, publiées par M. L. Douët d'Arcq. (Paris, 1863-1864, 2 vol. in-8°.)

Chronique de Mathieu d'Escouchy, publiée par M. G. du Fresne de Beaucourt. (Paris, 1863-1864, 3 vol. in-8°.)

Commentaires et lettres de Blaise de Montluc, publiés par M. de Ruble. (Paris, 1864-1872, 5 vol. in-8°.)

Œuvres complètes de Pierre de Bourdeille, seigneur de Brantôme, publiées par M. Ludovic Lalanne. (Paris, 1864-1882, 11 vol. in-8°.)

Comptes de l'hôtel des rois de France aux xive et xve siècles, publiés par M. L. Douët d'Arcq. (Paris, 1865, in-8°.)

Rouleaux des morts du ixe et xve siècle, publiés par M. Léopold Delisle. (Paris, 1866, in-8°.)

Œuvres complètes de Suger, publiées par M. Lecoy de la Marche. (Paris, 1867, in-8°.)

Histoire de saint Louis par Jean, sire de Joinville, suivie du Credo et de la lettre à Louis XI, publiée par M. Natalis de Wailly. (Paris, 1868, in-8°.)

PARIS. (*Suite.*)

Mémoires de Mme de Mornay, publiés par Mme de Witt. (Paris, 1868-1869, 2 vol. in-8°.)

Chroniques de Jean Froissart, publiées par M. Siméon Luce. (Paris, 1869-1878, 7 vol. in-8°.)

Chroniques des églises d'Anjou, publiées par MM. Marchegay et Mabille. (Paris, 1869, in-8°.)

Journal de ma vie. Mémoires du maréchal de Bassompierre, publiés par M. le marquis de Chantérac. (Paris, 1870-1877, 4 vol. in-8°.)

Les Annales de Saint-Bertin et de Saint-Vaast, publiées par M. l'abbé Dehaisnes. (Paris, 1871, in-8°.)

Chronique d'Ernoul et de Bernard le Trésorier, publiée par M. L. de Mas Latrie. (Paris, 1871, in-8°.)

Introduction aux chroniques des comtes d'Anjou, par M. Mabille. (Paris, 1872, in-8°.)

Histoire de Béarn et de Navarre, par Nicolas de Bordenave, historiographe de la maison de Navarre, publiée par M. Paul Raymond. (Paris, 1873, in-8°.)

Chroniques de Saint-Martial de Limoges, publiées par M. Duplès-Agier. (Paris, 1874, in-8°.)

Nouveau recueil de comptes de l'argenterie des rois de France, publié par M. L. Douët d'Arcq. (Paris, 1874, in-8°.)

La chanson de la croisade contre les Albigeois, publiée par M. Paul Meyer. (Paris, 1875-1879, 2 vol. in-8°.)

La chronique du bon duc Loys de Bourbon, publiée par M. A. Chazaud. (Paris, 1876, in-8°.)

Chronique de Jean Le Fèvre, seigneur de Saint-Remy, publiée par M. François Morand. (Paris, 1876-1881, 2 vol. in-8°.)

Récits d'un ménestrel de Reims au XIIIe siècle, publiés par M. Natalis de Wailly. (Paris, 1876, in-8°.)

Lettres d'Antoine de Bourbon et de Jehanne d'Albret, publiées par M. Rochambeau. (Paris, 1877, in-8°.)

Mémoires inédits de Michel de la Huguerye (1587-1602), publiés par M. de Ruble. (Paris, 1877-1880, 3 vol. in-8°.)

Anecdotes historiques, légendes et apologues tirés du recueil inédit d'Étienne de Bourbon, dominicain du XIIIe siècle, publiés par M. A. Lecoy de la Marche. (Paris, 1877, in-8°.)

Extraits des auteurs grecs, concernant la géographie et l'histoire des Gaules, publiés par M. Cougny. (Paris, 1878-1886, 5 vol. in-8°.)

Histoire du gentil seigneur de Bayart, composée par le loyal serviteur, publiée par M. J. Roman. (Paris, 1878, in-8°.)

Mémoires de Nicolas Goulas, gentilhomme ordinaire du duc d'Orléans, par M. Ch. Constant. (Paris, 1879-1882, 3 vol. in-8°.)

Paris. (Suite.)

Gestes des évêques de Cambrai de 1092 à 1138, publiés par le R. P. de Smedt. (Paris, 1880, in-8°.)

Les établissements de saint Louis, publiés par M. Paul Viollet. (Paris, 1881-1886, 4 vol. in-8°.)

OEuvres de Rigord et de Guillaume Le Breton, publiées par M. François Delaborde. (Paris, 1882-1886, 2 vol. in-8°.)

Chronique normande du XIVᵉ siècle, publiée par MM. Auguste et Émile Molinier. (Paris, 1882, in-8°.)

Relation de la cour de France en 1690, par Ézéchiel Spanheim, envoyé extraordinaire de Brandebourg, publiée par M. Charles Schefer. (Paris, 1882, in-8°.)

Mémoires d'Olivier de la Marche, maître d'hôtel et capitaine des gardes de Charles le Téméraire, publiés par MM. Beaune et d'Arbaumont. (Paris, 1883-1885, 3 vol. in-8°.)

Lettres de Louis XI, roi de France, publiées par MM. J. Vaesen et E. Charavay. (Paris, 1883-1885, 2 vol. in-8°.)

Mémoires du maréchal de Villars, publiés par M. le marquis de Vogüé, t. I. (Paris, 1884, in-8°.)

Notices et documents publiés par la Société de l'histoire de France à l'occasion du cinquantième anniversaire de sa fondation. (Paris, 1884, in-8°.)

Journal de Nicolas de Baye, greffier du Parlement de Paris (1400-1407), publié par M. A. Tuetey, t. I. (Paris, 1885, in-8°.)

La règle du Temple, publiée par M. Henri de Curzon. (Paris, 1886, in-8°.)

Histoire universelle, par Agrippa d'Aubigné, publiée par M. le baron de Ruble, t. I. (Paris, 1886, in-8°.)

Le Jouvencel, par Jean de Bueil, suivi du Commentaire de Guillaume Teingant, publié par MM. Camille Favre et Léon Lecestre, t. I. (Paris, 1887, in-8°.)

*Société de l'histoire de Paris et de l'Île-de-France, fondée le 7 mai 1874, autorisée le 18 du même mois et reconnue comme établissement d'utilité publique le 14 janvier 1887.

Bulletin, t. I, 1874; t. XIII, 1886, in-8°.

Mémoires, t. I, 1875; t. XIII, 1886, in-8°.

Une table générale des Bulletins et des Mémoires, de 1874 à 1884, a paru en 1884. Elle a été dressée par M. E. Mareuse.

Plan de Paris, par Truschet et Hoyau. (Paris, 1874-1875, gravure.)

Projet de pont Neuf en 1577. (Paris, 1876, gravure.)

La procession de la Ligue. (Paris, 1876, gravure.)

Paris pendant la domination anglaise (1420-1436); documents extraits des registres de la Chancellerie de France, publiés par M. A. Longnon. (Paris, 1877, in-8°.)

Les comédiens du Roi de la troupe française; documents recueillis aux Archives nationales, par M. A. Campardon. (Paris, 1878, in-8°.)

PARIS. (*Suite.*)

Plan de l'abbaye de Saint-Antoine. (Paris, 1879, gravure.)

Plan de la censive de Saint-Germain-l'Auxerrois. (Paris, 1879, gravure.)

Journal d'un bourgeois de Paris (1405-1449), publié par M. A. Tuetey. (Paris, 1880, in-8°.)

Documents parisiens sur l'iconographie de saint Louis, publiés par M. A. Longnon. (Paris, 1881, in-8°.)

Journal des guerres civiles de Dubuisson-Aubenay, publié par M. G. Saige. (Paris, 1882-1883, 2 vol. in-8°.)

Polyptyque de l'abbaye de Saint-Germain-des-Prés rédigé au temps de l'abbé Irminon, publié par M. A. Longnon, t. I. (Paris, 1886, in-8°.)

*Société de l'histoire du protestantisme français, fondée en 1852, autorisée au mois de juillet de la même année et reconnue comme établissement d'utilité publique le 13 juillet 1870.

Bulletin historique et littéraire, t. I, 1853; t. XXXV, 1886, in-8°.

Une table des 14 premiers volumes du *Bulletin* est contenue dans le t. XIV.

La France protestante, par M. Bordier. (Paris, 1877-1886, 5 vol. in-8°.)

Société historique, fondée au mois de juillet 1882.

Annuaire annuel, in-8°.

Bulletin, n° 1, 1883; n° 4, 1886, in-8°.

Le pacha Bonneval, par M. Albert Vandal. (Paris, 1885, in-8°.)

L'expansion de l'Allemagne, par M. Jules Flammermont. (Paris, 1885, in-8°.)

Le rôle et les aspirations de la Grèce dans la question d'Orient, par M. D. Bikélas. (Paris, 1885, in-8°.)

Les artèles et le mouvement coopératif en Russie, par M. W. Louguinine. (Paris, 1885, in-8°.)

Les institutions de protection de l'enfance, par M. L. Brueyre. (Paris, 1886, in-8°.)

Les conversions des rentes d'État, par M. Lévy. (Paris, 1886, in-8°.)

Collection de documents pour servir à l'étude et à l'enseignement de l'histoire, dont 2 volumes ont paru, savoir :

Raoul Glaber, les cinq livres de ses histoires (900-1044), publiés par M. Maurice Prou. (Paris, 1886, in-8°.)

Grégoire de Tours, histoire des Francs, texte du manuscrit de Corbie, publié par M. Henri Omont. (Paris, 1887, in-8°.)

*Société nationale d'horticulture de France, fondée en 1826, autorisée en 1828 et reconnue comme établissement d'utilité publique le 20 novembre 1852.

Annales, t. I, 1827; t. XLV, 1854, in-8°.

Paris. (*Suite.*)

Journal, 1ʳᵉ série, t. I, 1855; t. XII, 1866, in-8°. — 2ᵉ série, t. I, 1867; t. XII, 1878, in-8°. — 3ᵉ série, t. I, 1879; t. VIII, 1886, in-8°.

Bulletin, t. I, 1844; t. XII, 1854, in-8°.

Société d'hydrologie médicale de Paris, fondée en 1852.

Annales, t. I, 1853-1854; t. X, 1863-1864, in-8°.

Société française d'hygiène, fondée le 7 mai 1877 et autorisée le 25 juin de la même année.

Annuaires pour 1880 et 1882, in-8°.

La Société française d'hygiène, son but, son avenir, par M. le Dʳ de Pietra Santa. (Paris, 1877, in-8°.)

Rapport des lois et des mœurs avec la population, par M. le Dʳ Maurin. (Paris, 1877, in-8°.)

La réforme du casernement et les bains-douches, par M. Tollet. (Paris, 1877, in-8°.)

Le tannage des peaux, nouveau procédé de M. Charles Pavesi, de Moetara. (Paris, 1877, in-8°.)

Étude sur les égouts de Londres, Bruxelles et Paris, par M. Terrier. (Paris, 1878, in-8°.)

Décoration sans poison des jouets en caoutchouc, par M. Turpin, avec une note de M. Cahours *sur l'érosine et la fluorescine.* (Paris, 1878, in-8°.)

Les hospices marins et les écoles de rachitiques, par M. le Dʳ de Pietra Santa. (Paris, 1878, in-8°.)

Étude sur le café, le thé et les chicorées, par M. Husson. (Paris, 1878, in-8°.)

Le déversement des eaux d'égout dans la forêt de Saint-Germain, par M. Marié-Davy. (Paris, 1879, in-8°.)

Étude sur les biberons, par M. le Dʳ Blache. (Paris, 1879, in-8°.)

Épuration et utilisation des eaux d'égout de la Ville. Documents divers. (Paris, 1880, in-8°.)

Nouveau procédé de désinfection, par MM. Sabourdy et Julien. (Paris, 1881, in-8°.)

Les deux vaccins. (Paris, 1881, in-8°.)

La malaria de Rome et l'ancien drainage des collines romaines. (Paris, 1882, in-8°.)

Hygiène et éducation de la première enfance. (Paris, 1882, in-8°.)

Allocution sur les travaux de la Société, par M. Marié-Davy. (Paris, 1882, in-8°.)

Système du tout à l'égout; canalisation spéciale des vidanges. (Paris, 1882, in-8°.)

Des beurres dits de Sibérie, par M. le Dʳ Zanni. (Paris, 1882, in-8°.)

Hygiène et éducation physique de la deuxième enfance. 1ʳᵉ édition, 1882, in-8°. — 2ᵉ édition, 1886, in-8°.

De l'antagonisme de la morphine et des alcaloïdes des solanées vireuses, par M. le Dʳ Fereira de Abreu. (Paris, 1882, in-8°.)

PARIS. (*Suite.*)

Obésité et maigreur, essai d'hygiène pratique. (Paris, 1883, in-8°.)

Les odeurs de Paris et les systèmes de vidanges. (Paris, 1883, in-8°.)

Hygiène et prophylaxie de la fièvre typhoïde, par M. le Dr Grellety. (Paris, 1883, in-8°.)

Des laits condensés au point de vue de l'alimentation publique, par M. Meynet. (Paris, 1883, in-8°.)

Action du cuivre sur l'économie. Histoire du village de Durfort, par M. Houlès. (Paris, 1884, in-8°.)

La propreté de l'individu et de la maison, par M. le Dr Monin. (Paris, 1884, in-8°.)

La préservation de l'homme dans les pays à malaria, par M. le Dr Tomasi-Crudeli. (Paris, 1884, in-8°.)

Trichine et trichinose aux États-Unis, par M. le Dr de Pietra Santa. (Paris, 1884, in-8°.)

La voix, par M. le Dr Baratoux. (Paris, 1886, in-8°.)

Société académique indo-chinoise de France, fondée le 29 octobre 1877 et autorisée le 26 avril 1878.

Mémoires, t. I, 1878; t. II, 1879, in-4°.

Bulletin, 1re série, t. I, 1877-1878; t. III, 1879-1880. — 2° série, t. I, 1880-1882; t. III, 1886, in-8°.

***Société des ingénieurs civils,** fondée le 4 mars 1848 et *reconnue comme établissement d'utilité publique* le 22 décembre 1860.

Mémoires et comptes rendus des travaux, t. I, 1846; t. XXXIX, 1886, in-8°.

Annuaire annuel, in-8°.

***Société de législation comparée,** fondée le 16 février 1869 et *reconnue comme établissement d'utilité publique* le 4 décembre 1873.

Bulletin, t. I, 1869-1872; t. XV, 1886, in-8°.

Une table des articles contenus dans le *Bulletin,* de 1869 à 1880, a paru en 1882.

Annuaire de législation étrangère, t. I, 1872; t. XV, 1886, in-8°.

Annuaire de législation française, t. I, 1882; t. V, 1886, in-8°.

Recueil des procès-verbaux de la Commission chargée d'étudier les réformes à introduire dans la loi de 1838 sur les aliénés, in-8°.

Rapport de la Commission chargée d'étudier les diverses législations sur le notariat, in-8°.

Code d'instruction criminelle autrichien de 1873, traduit et annoté par MM. E. Bertrand et C. Lyon-Caen. (Paris, 1875, in-8°.)

Paris. (*Suite.*)

Code de commerce allemand et loi allemande sur le change, traduits et annotés par MM. Gide, Lyon-Caen, Flach et Dietz. (Paris, 1881, in-8°.)

Code pénal des Pays-Bas, traduit et annoté par M. Wintgens. (Paris, 1883, in-8°.)

Code de procédure pénale allemand, traduit et annoté par M. F. Daguin. (Paris, 1884, in-8°.)

Code d'organisation judiciaire allemand, traduit et annoté par M. L. Dubarle. (Paris, 1885, in-8°.)

Les chartes coloniales et les constitutions des États-Unis de l'Amérique du Nord, par M. A. Gourd. (Paris, 1885, 2 vol. in-8°.)

Codes hongrois des crimes, des délits et des contraventions, traduits et annotés par MM. C. Martinet et P. Dareste. (Paris, 1885, in-8°.)

Catalogue de la bibliothèque de la Société, dressé par M. Daguin. (Paris, 1885, in-8°.)

*Société de linguistique de Paris, fondée en 1863, autorisée le 8 mars 1866 et *reconnue comme établissement d'utilité publique* le 16 mars 1876.

Bulletin, t. I, 1869; t. V, 1885, in-8°.

Mémoires, t. I, 1868; t. VI, 1886, in-8°.

Société malacologique de France, fondée le 28 novembre 1883.

Bulletin, t. I, 1884; t. III, 1886, in-8°.

Annales de malacologie, t. I, 1884; t. II, 1886, in-8°.

Revue biographique, t. I, 1885; t. II, 1886, in-8°.

Société mathématique de France, fondée en 1872.

Bulletin, t. I, 1873; t. XIII, 1886, in-8°.

*Société de médecine de Paris, fondée le 22 mars 1796, autorisée le 29 du même mois et *reconnue comme établissement d'utilité publique* le 5 février 1878.

Journal de médecine, de chirurgie et de pharmacie, t. I, 1796; t. III, 1830, in-8°.

Transactions médicales, t. I, 1830; t. XIV, 1833, in-8°.

Recueil des travaux, t. I, 1834; t. LXVIII, 1854, in-8°.

Bulletin, t. I, 1866; t. XI, 1886, in-8°.

Société de médecine homœopathique de Paris, fondée en 1845.

Bulletin annuel, in-8°.

*Société de médecine légale de France, fondée le 10 février 1868, autorisée le 7 mars de la même année et *reconnue comme établissement d'utilité publique* le 22 janvier 1874.

Bulletin, t. I, 1869; t. IX, 1886, in-8°.

15

PARIS. (*Suite.*)

Société de médecine pratique de Paris, fondée en 1808.

Bulletin, t. I, 1855; t. XXXIV, 1886, in-8°.

Société de médecine publique et d'hygiène professionnelle de Paris, fondée en 1875.

Revue d'hygiène et de police sanitaire, publication mensuelle, in-8°.

Société de médecine vétérinaire de Paris, fondée en 1843.

Bulletin annuel, paraissant depuis 1844, in-8°.

Mémoires, t. I, 1852; t. III, 1856, in-8°.

Société médicale d'émulation de Paris, fondée en 1798.

Mémoires, 1re série, t. I, 1799; t. XXX, 1850, in-8°. — 2e série, t. I, 1863; t. II, 1868-1877, in-8°.

Société médicale homœopathique de France, fondée en 1860.

Bulletin annuel, in-8°.

Société médicale des hôpitaux, fondée en 1849.

Actes, t. I, 1850; t. V, 1864, in-8°.

Bulletins et mémoires, 1re série, t. I, 1852; t. V, 1864, in-8°. — 2e série, t. I, 1864; t. XX, 1883, in-8°. — 3e série, t. I, 1884; t. III, 1886, in-8°.

Société médicale d'observation, fondée en 1832.

Mémoires, t. I, 1837; t. III, 1856, in-8°.

Recueil des travaux, 1er fascicule, 1857; 11e fascicule, 1862, in-8°.

Société médico-pratique de Paris, fondée en 1806.

Bulletin, par fascicules annuels in-8°, depuis 1830.

Société médico-psychologique de Paris, fondée en 1852.

Annales médico-psychologiques, 2e série, t. IV, 1852; t. VI, 1854, in-8°. — 3e série, t. I, 1855; t. VIII, 1862, in-8°. — 4e série, t. I, 1863; t. XII, 1868, in-8°. — 5e série, t. I, 1869; t. XII, 1878, in-8°. — 6e série, t. I, 1879; t. XII, 1884, in-8°. — 7e série, t. I, 1885; t. IV, 1886, in-8°.

Les premiers volumes de ces *Annales* n'ont pas été publiés sous le patronage de la Société.

*Société météorologique de France, fondée le 14 décembre 1852 et *reconnue comme établissement d'utilité publique le 26 mai 1869.

Annuaire, t. I, 1853; t. XXXII, 1886, in-8°.

Nouvelles météorologiques, t. I, 1868; t. IX, 1876, in-8°.

Paris. (*Suite.*)

*Société française de minéralogie, fondée le 21 mars 1878 sous le nom de *Société minéralogique de France* et reconnue comme établissement d'utilité publique le 2 février 1886.

Bulletin, t. I, 1879; t. IX, 1886, in-8°.

Société française de navigation aérienne, fondée en 1876.

Bulletin, t. I, 1877; t. X, 1886, in-8°.

Société française de numismatique et d'archéologie, fondée le 18 décembre 1865 et autorisée le 19 février 1866.

Annuaire, t. I, 1866; t. X, 1886, in-8°.

Comptes rendus, 1ʳᵉ série, t. I, 1869; t. VI, 1875, in-8°. — 2ᵉ série, t. I, 1877, in-8°.

Société obstétricale et gynécologique de Paris, fondée au mois de décembre 1884.

Bulletin, t. I, 1885; t. II, 1886, in-8°.

Société odontologique de France, fondée en 1878.

Revue odontologique, t. I, 1882; t. V, 1886, in-8°.

Rapports annuels, in-8°.

Annuaire général des dentistes, in-8°.

Société française d'ophtalmologie, fondée le 29 janvier 1883.

Bulletins et mémoires, t. I, 1883; t. IV, 1886, in-8°.

Société orientale de France, fondée en 1841.

Revue de l'Orient, 1ʳᵉ série, t. I, 1843; t. XI, 1846, in-8°. — 2ᵉ série, t. I, 1847; t. XVI, 1854, in-8°. — 3ᵉ série, t. I, 1855; t. XVIII, 1864, in-8°. — 4ᵉ série, t. I, 1865, in-8°.

Société française d'otologie et de laryncologie, fondée en 1883.

Bulletins et mémoires, annuels, in-8°.

Société pour faciliter l'étude pratique des diverses méthodes de participation du personnel dans les bénéfices de l'entreprise, fondée le 30 novembre 1878 et autorisée le 30 mai 1879.

Bulletin, t. I, 1879; t. VIII, 1886, in-8°.

Die Gewinnbetheiligung Untersuchungen uber Arbeitslohn une Unternehmergewinn, par M. le Dʳ Böhmert, ouvrage traduit de l'allemand par M. A. Trombert, 2 vol. in-8°.

Tableau synoptique des établissements qui pratiquent la participation aux bénéfices, in-8°.

PARIS. (Suite.)

Société de pharmacie de Paris.

Bulletin annuel, in-8°.

Société philologique, fondée en 1868.

Actes, t. I, 1869; t. XV, 1885, in-8°.

*Société philomathique de Paris, fondée en 1788 et *reconnue comme établisse-ment d'utilité publique* le 25 mars 1879.

Bulletin, 1re série, t. I, 1789; t. III, 1805, in-4°. — 2e série, t. I, 1807; t. III, 1813, in-4°. — 3e série, t. I, 1814; t. XIII, 1826, in-4°. — 4e série, t. I, 1832; t. II, 1833, in-4°. — 5e série, t. I, 1836; t. XXVIII, 1863, in-4°. — 6e série, t. I, 1864; t. III, 1867, in-8°. — 7e série, t. I, 1868; t. X, 1886, in-8°.

Société philotechnique, fondée en 1840.

Annuaire, t. I, 1840; t. XLV, 1886, in-8°.

Société française de photographie, fondée le 15 novembre 1854 et autorisée le 5 janvier 1855.

Bulletin, 1re série, t. I, 1855; t. XXX, 1884, in-8°. — 2e série, t. I, 1885; t. II, 1886, in-8°.

*Société française de physique, fondée le 17 janvier 1873, autorisée le 6 avril 1878 et *reconnue comme établissement d'utilité publique* le 15 janvier 1881.

Comptes rendus, t. I, 1873; t. XIV, 1886, in-8°.

Collection de mémoires relatifs à la physique, dont 3 volumes ont paru, savoir :
  Mémoires de Coulomb. (Paris, 1884, in-8°.)
  Mémoires sur l'électrodynamique. (Paris, 1885-1886, 2 vol. in-8°.)

Société générale des prisons, fondée le 7 juin 1877.

Bulletin, t. I, 1877; t. XI, 1886, in-8°.

*Société protectrice des animaux, fondée en 1845, autorisée en 1846 et *reconnue comme établissement d'utilité publique* le 22 décembre 1860.

Bulletin, t. I, 1855; t. XXXI, 1886, in-8°.

Société de psychologie physiologique de Paris.

Bulletin mensuel, in-8°.

Société des sciences médicales de Paris.

Comptes rendus des travaux, paraissant par fascicules annuels, in-8°.

PARIS. (*Suite.*)

Société d'émulation pour les sciences pharmaceutiques, fondée en 1844.

Recueil des travaux, t. I, 1845-1848; t. III, 1859, in-8°.

Société scientifique de la jeunesse, fondée au mois de février 1879 et autorisée le 30 juin de la même année.

Bulletin, t. I, 1879; t. VIII, 1886, in-8°.

Société séricicole pour l'amélioration et la propagation de l'industrie de la soie en France, fondée en 1837.

Annales, t. I, 1837; t. XV, 1851, in-8°.

Une table générale des matières contenues dans les 10 premiers volumes des *Annales* a été publiée en 1847.

Société de sphragistique de Paris, fondée en 1851.

Mémoires, t. I, 1851; t. IV, 1855, in-8°.

*Société de statistique de Paris, fondée le 5 juin 1860 et reconnue comme établissement d'utilité publique le 17 juin 1869.

Journal, t. I, 1860; t. XXVII, 1886, in-8°.

Le vingt-cinquième anniversaire de la Société de statistique de Paris. (Paris, 1886, in-8°.)

Société française de statistique internationale, fondée en 1829.

Société française de sténographie, autorisée le 9 décembre 1880.

Bulletin, t. I, 1881; t. II, 1882, in-8°.

La Renaissance, revue bi-mensuelle, t. I, 1882; t. V, 1886, in-4°.

Histoire de l'écriture, par M. le Dr Weber, in-8°.

Histoire de la sténographie, par M. Godmer, in-8°.

A quoi sert la sténographie, in-12.

La presse et la sténographie, in-12.

L'instruction par la sténographie, in-12.

Les cours de sténographie, par M. A. Légé, in-12.

Les commerçants américains et la sténographie, par M. Martin, in-12.

Parole et pensée, par M. Martin, in-12.

L'écriture des colonies, par M. Martin, in-12.

Les cercles sténographiques, par M. J. Depoin, in-12.

Le graphique de la parole, par M. Martin, in-12.

La sténographie dans l'armée, par M. A. Rey, in-12.

La sténographie dans la magistrature, par M. H. Dupont, in-12.

La sténographie dans les écoles, in-12.

Paris. (*Suite.*)

*Société française de tempérance, fondée le 2 mars 1872, autorisée le 2 avril 1873 et *reconnue comme établissement d'utilité publique* le 6 février 1880.

Bulletin, 1ʳᵉ série, t. I, 1873; t. VII, 1879, in-8°. — 2° série, t. I, 1880; t. VII, 1886, in-8°.

Société de thérapeutique, fondée en 1866.

Bulletins et mémoires, 1ʳᵉ série, t. I, 1867; t. VII, 1873, in-8°. — 2° série, t. I, 1874; t. XIII, 1886, in-8°.

Société de topographie de France, fondée en 1876 et autorisée le 6 septembre de la même année.

Bulletin, t. I, 1877; t. X, 1886, in-8°.

Société nationale de topographie pratique, fondée en 1880.

Bulletin, t. I, 1881-1882; t. V, 1884-1885, in-8°.

Société des traditions populaires, fondée en 1885.

Revue des traditions populaires, 1ʳᵉ année, 1886, in-8°.

Société zoologique de France, fondée et autorisée en 1876.

Bulletin, t. I, 1876; t. XI, 1886, in-8°.

*Union centrale des arts décoratifs, formée le 20 décembre 1881 par la fusion de l'*Union centrale des beaux-arts appliqués à l'industrie* et du *Musée des arts décoratifs,* approuvée le 30 mars 1882 et *reconnue comme établissement d'utilité publique* le 15 mai de la même année.

Union scientifique internationale, fondée en 1881.

L'Union scientifique, t. I, 1882; t. VI, 1886, in-8°.

SEINE-INFÉRIEURE.

Dieppe. — Société des amis des arts de Dieppe, fondée en 1873 et autorisée le 15 mars de la même année.

— Société dieppoise des amis des sciences physiques et naturelles, fondée en 1876 et autorisée le 6 mars de la même année.

Elbeuf. — Société d'études des sciences naturelles d'Elbeuf, fondée le 25 octobre 1881 sous le nom de *Société d'enseignement mutuel des sciences naturelles d'Elbeuf.*

Bulletin, t. I, 1881-1882; t. IV, 1884, in-8°.

ELBEUF. (*Suite.*)

Çauseries sur le transformisme. (Elbeuf, 1886, in-8°.)

Création d'un jardin botanique et d'expérience. (Elbeuf, 1886, in-8°.)

— *Société industrielle d'Elbeuf, fondée en 1858 et *reconnue comme établissement d'utilité publique* le 23 février 1864.

Bulletin, t. I, 1860; t. XXVI, 1886, in-8°.

FÉCAMP. — Cercle pratique d'études diverses de Fécamp, fondé en 1870 et autorisé le 24 mars de la même année.

LE HAVRE. — Société des amis des arts du Havre, fondée en 1879.

— Société de géographie commerciale du Havre, fondée le 15 mai 1884.

Bulletin, t. I, 1884; t. III, 1886, in-8°.

— Société géologique de Normandie, fondée en 1872 et autorisée le 11 novembre de la même année.

Bulletin, t. I, 1873; t. XI, 1885-1886, in-8°.

Notes prises par M. A. Lécureur au cours de géologie professé par M. G. Lennier. (Le Havre, 1875, in-12.)

Bibliographie géologique de la Normandie, in-12.

Compte rendu des courses géologiques de l'année 1876 dans les départements de la Seine-Inférieure, du Calvados et de la Manche, in-8°.

— *Société nationale havraise d'études diverses, fondée le 27 septembre 1833 et *reconnue comme établissement d'utilité publique* le 30 décembre 1865.

Recueil, t. I, 1833; t. LII, 1885, in-8°.

Bulletin, t. I, 1869-1870, in-8°.

— Société de pharmacie du Havre, fondée en 1858.

Mémoires, 3 vol. in-8°.

ROUEN. — *Académie des sciences, belles-lettres et arts de Rouen, fondée en 1744, autorisée en 1756 et *reconnue comme établissement d'utilité publique* le 12 avril 1852.

Précis analytique des travaux, t. I, 1744; t. LXXXVI, 1886, in-8°.

Mémoire sur le commerce maritime de Rouen, depuis les temps les plus reculés jusqu'à la fin du xvi° siècle, par M. Ernest de Fréville. (Rouen, 1857, 2 vol. in-8°.)

— Commission départementale des antiquités de la Seine-Inférieure, fondée en février 1818 et autorisée le 25 octobre 1839.

Procès-verbaux, t. I, 1864; t. II, 1866, in-8°.

Bulletin, t. I, 1867; t. VII, 1886-1887, in-8°.

Rouen. (*Suite.*)

— **Société des amis des arts de Rouen**, fondée en 1831.

— **Société des amis des monuments rouennais**, fondée en 1886.

— **Société des amis des sciences naturelles de Rouen**, fondée et autorisée le 21 janvier 1865.

Bulletin, 1re série, t. I, 1865; t. X, 1874, in-8°. — 2° série, t. XI, 1875; t. XX, 1884, in-8°. — 3° série, t. XXI, 1885; t. XXII, 1886, in-8°.

Le tome X renferme une table des articles contenus dans les *Bulletins* de la 1re série, et la table des *Bulletins* de la 2° série se trouve à la fin du tome XX.

— **Société des architectes de la Seine-Inférieure**, fondée en 1869 et autorisée le 7 août de la même année.

Bulletin, t. I, 1869-1872 ; t. II, 1873-1878, in-8°.

— **Société artistique de Normandie**, fondée en 1869 et autorisée le 9 septembre de la même année.

— **Société des bibliophiles normands**, fondée en 1863 et autorisée le 7 février de la même année.

Procès-verbaux et comptes rendus des séances, paraissant par fascicules trimestriels, in-8°.

Discours des causes pour lesquelles le sieur de Civille, gentilhomme de Normandie, se dit avoir été mort, enterré et ressuscité, publié par M. de Blosseville. (Rouen, 1863, in-4°.)

Discours de l'entrée de Louis XIV en sa ville de Rouen, et séjour qu'il y fit en février 1650, publié par M. E. Frère. (Rouen, 1863, in-4°.)

La friquassée crotestillonnée, recueil de dictons, de proverbes et de refrains en usage, au xvie et au xviie siècle, parmi les enfants du peuple dans la ville de Rouen, publié par M. A. Pottier. (Rouen, 1863, in-4°.)

Ordonnances contre la peste et autres ordonnances concernant la salubrité publique dans la ville de Rouen, rendues par la cour de l'Échiquier, de 1507 à 1513, publiées par M. C. Lormier. (Rouen, 1863, in-4°.)

Funérailles de Georges d'Amboise, archevêque de Rouen, célébrées à Lyon et à Rouen, du 25 mai au 20 juin 1510, publiées par M. E. Frère. (Rouen, 1864, in-4°.)

Approbation et confirmation par le pape Léon X des statuts et privilèges de la confrérie de l'Immaculée-Conception, dite Académie des Palinods, instituée à Rouen, publiées par M. E. Frère. (Rouen, 1864, in-4°.)

Saint Adjuteur, patron de la noblesse et de la ville de Vernon; sa vie et son office, par J. Théroude, publiés par M. Raymond Bordeaux. (Rouen, 1865, in-8°.)

Relation du voyage des religieuses Ursulines de Rouen à la Nouvelle-Orléans, en 1727, publiée par M. Paul Baudry. (Rouen, 1865, in-4°.)

Rouen. (*Suite.*)

Les entrées de la reine Éléonore d'Autriche et du Dauphin, fils de François Ier, dans la ville de Rouen, en février 1531, publiées par M. A. Pottier. (Rouen, 1865, in-4°.)

Inventaire du mobilier du château de Chaillou, de l'année 1416, publié par M. Charles de Beaurepaire. (Rouen, 1865, in-8°.)

La vie de sainte Opportune, poème français du xiiie siècle, publié par M. Léon de la Sicotière. (Rouen, 1865, in-8°.)

Le bateau de Bouille, comédie du sieur Jobé, publiée par M. Édouard Méry. (Rouen, 1866, in-8°.)

Les tavernes de Rouen au xvie siècle, publié par M. Charles de Beaurepaire. (Rouen, 1866, in-8°.)

Les fastes de Rouen, poème latin d'Hercule Grisel, prêtre rouennais du xviie siècle, publié par M. F. Bouquet. (Rouen, 1866-1870, in-8°.)

Prise d'armes de Montgommery en l'année 1374. Recueil d'opuscules rares et de documents inédits, publié par M. d'Estaintot. (Rouen, 1869-1872, in-8°.)

1° *Introduction;*

2° *Lettres inédites de Charles IX et de la reine Catherine de Médicis;*

3° *La prinse du comte de Montgommery;*

4° *Le siège de Donfronc;*

5° *La prinse de la ville de Sainct Lo;*

6° *Discours de la mort de Gabriel, comte de Montgommery;*

7° *Les regrets et tristes lamentations du comte de Montgommery;*

8° *La reddition de Carentan.*

L'entrée de François Ier, roi de France, dans la ville de Rouen, au mois d'août 1517, publiée par M. Charles de Beaurepaire. (Rouen, 1867, in-8°.)

Notice biographique et littéraire sur André Pottier, par M. l'abbé Colas et M. Ch. Lormier. (Rouen, 1868, in-8°.)

L'entrée de Henri II, roi de France, à Rouen, au mois d'octobre 1550, publiée par MM. S. et L. de Merval. (Rouen, 1868, in-8°.)

Le voyage de Louis XIII en Normandie et la réduction du château de Caen, publiés par M. A. Canel. (Rouen, 1869, in-8°.)

Les élégies de Jean Doublet, Dieppois, avec la vie du poète, par Guillaume Colletet, publiées par M. Blanchemain. (Rouen, 1869, in-8°.)

Le sire de Bacqueville, légende normande, publiée par M. de Blosseville. (Rouen, 1870, in-8°.)

Séjour de Henri III à Rouen aux mois de juin et juillet 1588, publié par M. Charles de Beaurepaire. (Rouen, 1871, in-8°.)

Relation des désordres arrivés en la ville et faubourg de Rouen et lieux adjacents, par le tonnerre, les vents et la grêle, le 25 juin 1683, publiée par M. L. de Duranville. (Rouen, 1872, in-8°.)

Rouen. (*Suite.*)

Les éloges de la ville de Rouen, en vers latins et français, par Ant. de Lamarre de Cheshevarin, Pierre de Lamare de Durescu, son fils, et Pierre Grognet, publiés par M. E. Frère. (Rouen, 1872, in-8°.)

Inscriptions latines pour toutes les fontaines de Rouen, composées en 1704 par Guyot, publiées par M. F. Bouquet. (Rouen, 1873, in-8°.)

Les théâtres de Gaillon à la Reine, par Nicolas Filleul de Rouen, publiés par M. E. de Beaurepaire. (Rouen, 1873, in-8°.)

L'aventure de la Grand'Louise, par l'abbé J.-B.-V. Frô, publiée par M. S. de Merval. (Rouen, 1874, in-8°.)

Miscellanées historiques et littéraires, publiés par MM. Ch. de Beaurepaire, de Bouis, F. Bouquet, d'Estaintot, Ch. Lormier, S. de Merval et V. Toussaint. (Rouen, 1872-1877, in-8°.)

1° *Vers en l'honneur de l'amiral de Graville, 1492* (Ch. de Beaurepaire);

2° *Vœu à la Royne, par* Nicolas Filleul, *1568* (Ch. Lormier);

3° *Vray discours de la surprise et reprise du Mont-Saint-Michel, 1577* (d'Estaintot);

4° *Arrêts et édits publiés par les parlements de Rouen et de Caen, 1590-1592* (Ch. Lormier);

5° *Deux mandements du chapitre de Rouen pendant la Ligue, 1590-1591* (Ch. de Beaurepaire);

6° *La deffaictes des troupes du sieur de Montchrestien et la mémorable exécution des rebelles à Sa Majesté, 1621* (Ch. Lormier);

7° *Histoire véritable de ce qui est arrivé au Havre-de-Grâce touchant la trahison de la citadelle, ensemble l'exécution d'un nommé de Méret, 1635* (V. Toussaint);

8° *Histoire véritable des effects prodigieux et épouvantables arrivés au mois de septembre 1636 dans les villes de Dol, Ponthorson, Mont-Saint-Michel, Tomblaine et ès environs où il est tombé de grosse gresle* (Ch. Lormier);

9° *Récit véritable de la mort du sieur Caron de Heurtevau, décapité à Paris, le 21 mars 1617* (Dʳ de Bouis);

10° *Prise de la ville de Harfleur par l'armée du duc de Longueville, 1649* (S. de Merval);

11° *Lettre de M. d'Avremesnil, chef de la noblesse de Caux, sur le sujet de la descente de 6,000 hommes aux ports de Dieppe, Saint-Vallery et le Havre, 1649* (d'Estaintot);

12° *Inscriptions destinées à l'orgue de la cathédrale de Rouen, 1686* (F. Bousquet);

13° *Fêtes données à Rouen à l'occasion de la paix d'Utrecht, 1713* (S. de Merval);

14° *Poésies publiées à Rouen à l'occasion de la paix d'Utrecht, 1713* (S. de Merval);

Rouen. (*Suite.*)

15° *Inscriptions placées sur le mausolée dressé dans l'église de Rouen lors du service pour le repos de l'âme de M. le comte de Beuvron, en avril 1717* (S. de Merval).

Trois cent soixante et six apologues d'Ésope traduits en rithme françoise par Maistre Guillaume Haudent, publiés par M. Ch. Lormier. (Rouen, 1877, in-8°.)

Catalogue des manuscrits rassemblés au XVII° siècle par les Bigot, mis en vente au mois de juillet 1706, aujourd'hui conservés à la Bibliothèque nationale, publié par M. Léopold Delisle. (Rouen, 1877, in-8°.)

Nouveaux documents sur Hercule Grisel et les fastes de Rouen, publiés par M. Bouquet. (Rouen, 1878, in-6°.)

La première campagne de Henri IV en Normandie, en 1589. Réimpression de pièces contemporaines, par M. d'Estaintot. (Rouen, 1878, in-8°.)

Mémoire sur la musique à l'abbaye de Fécamp, reproduction d'un manuscrit inédit de dom Guillaume Fillastre, publié par M. l'abbé Loth. (Rouen, 1879, in-8°.)

Tragédie de Thomas Le Cocq. L'odieux et sanglant meurtre commis par le maudit Caïn. Reproduction de l'édition de 1580, publiée par M. Blanchemain. (Rouen, 1879, in-8°.)

Poésie latine de François Linant, bibliothécaire du chapitre de Rouen, sur la réparation des désastres de la cathédrale après l'ouragan de 1683, publiée par M. Bouquet. (Rouen, 1879, in-8°.)

La métamorphose des nymphes des bois d'Acquigny en truites saumonées, par M. Piedevant, publiée par M. Lormier. (Rouen, 1879, in-8°.)

Le Normand sourd, aveugle et muet, ensemble un dialogue entre Jean qui sait tout et Thibaut le Natier, publié par M. de Beaurepaire. (Rouen, 1880, in-8°.)

Translation dans l'église Saint-Maclou de Rouen des reliques de saint Verecond, le 31 août 1738, publiée par M. Legros. (Rouen, 1880, in-8°.)

Le regret d'honneur féminin, poème français sur la mort de la comtesse de Châteaubriand, par M. François Sagon, publié par M. Bouquet. (Rouen, 1880, in-8°.)

Voyage à la nouvelle France, du capitaine Charles Daniel de Dieppe, 1629, publié par M. J. Félix. (Rouen, 1881, in-8°.)

Le tombeau de Robert et Antoine Le Chevalier d'Aigneaux, réimpression de l'édition de 1591, publiée par M. Eugène de Beaurepaire. (Rouen, 1881, in-8°.)

Lettres de deux paysans normands sur la guerre de la succession d'Espagne, pièces inédites, publiées par M. J. Félix. (Rouen, 1881, in-8°.)

Entrée du duc de Joyeuse à Rouen, en 1583, publiée par M. Charles de Beaurepaire. (Rouen, 1881, in-8°.)

Description du lieu de Saint-Brice, près de la Bouille, publiée par M. Lormier. (Rouen, 1881, in-8°.)

Vers faits pour l'entrée de Henri IV à Rouen, publiés par M. Stéphano de Merval. (Rouen, 1882, in-8°.)

ROUEN. (*Suite.*)

L'anniversaire de Messire Adrian de Bréauté et oratio Joannis Roenni, publiés par M. d'Estaintot. (Rouen, 1882, in-8°.)

L'entrée à Rouen du roi Henri II et de la reine Catherine de Médicis, d'après la relation imprimée en 1550, publiée par M. Beauconsin. (Rouen, 1882, in-8°.)

La Parthénie ou banquet des Palinods de Rouen en 1546, poème latin du xvi° siècle, publié par M. Bouquet. (Rouen, 1883, in-8°.)

Mystère de l'incarnation et nativité de notre sauveur et rédempteur Jésus-Christ représenté à Rouen en 1474, publié par M. Pierre Le Verdier. (Rouen, 1884-1885, 2 vol. in-8°.)

Cérémonies faites aux Emmurées de Rouen à l'occasion de la béatification de sainte Rose de Lima, publiées par M. Paul Baudry. (Rouen, 1886, in-8°.)

— **Société rouennaise de bibliophiles**, fondée en 1870 et autorisée le 4 août de la même année.

Relation du siège de Rouen en 1571, par Valdory, publiée par M. Gosselin. (Rouen, 1871, in-4°.)

Deuxième voyage du Dieppois Jean Ribaut à la Floride en 1565. Relation de M. Le Challeux, publiée par M. Gravier. (Rouen, 1872, in-4°.)

Histoire véritable de l'embrasement d'un vaisseau arrivé en rade de Dieppe, le 26 octobre 1649, publiée par M. Hardy. (Rouen, 1872, in-4°.)

Le chef-d'œuvre poétique de Robert Angot, sieur de l'Éperonnière, publié par M. Blanchemain. (Rouen, 1873, in-4°.)

Vie du poète normand Robert Angot, par Guillaume Colletet, publiée par M. Blanchemain. (Rouen, 1873, in-4°.)

Les bouquets poétiques de Robert Angot, sieur de l'Éperonnière, publiés par M. Blanchemain. (Rouen, 1873, in-4°.)

La haute messe de l'abbé Perchel, 1774, publiée par M. Canel. (Rouen, 1873, in-4°.)

Procès-verbaux des cérémonies publiques célébrées à Rouen, le 6 et le 7 novembre 1661, à l'occasion de la naissance du Dauphin, publiés par M. Legros. (Rouen, 1874, in-4°.)

Plan de Rouen en 1655, par Gomboust, gravé par M. Adeline. (Rouen, 1875, in-4°.)

Description des antiquitez et singularitez de la ville de Rouen, par Gomboust, 1655, publiée par M. Adeline. (Rouen, 1875, in-4°.)

Le Mercure de Gaillon, 1644, par Israël Sylvestre, publié par M. Périaux. (Rouen, 1876, in-4°.)

L'arrêt et procédure d'entre M° Nicolas Piedevant, curé de Forest-en-Vexin, et l'abbaye de Saint-Wandrille, 1663, publiés par M. Canel. (Rouen, 1876, in-4°.)

Poésies d'Antoine Corneille, publiées d'après l'édition de 1647, par M. Prosper Blanchemain. (Rouen, 1877, in-4°.)

Rouen. (*Suite.*)

Naissance et progrès de l'hérésie en la ville de Dieppe (*1557-1609*), publiés par M. Émile Lesens. (Rouen, 1877, in-8°.)

Pièces sur la Ligue en Normandie, publiées par M. de Bonis. (Rouen, 1878, in-4°.)

Histoire de la réformation à Dieppe (*1557-1657*), *par Guillaume et Jean Duval,* publiée par M. Émile Lesens. (Rouen, 1878-1879, 2 vol. in-4°.)

Épistre de Guillaume Le Rouille, publiée par M. Prosper Blanchemain. (Rouen, 1878, in-4°.)

Histoire prodigieuse d'une invasion d'oiseaux ravageurs en Normandie et pays du Maine en 1618, publiée par M. Michel Hardy. (Rouen, 1879, in-4°.)

Relation des funérailles de l'amiral de Villars, faites à Rouen le 5 septembre 1595, publiée par M. G. Le Bouteillier. (Rouen, 1879, in-4°.)

Œuvres de Henri d'Andeli, trouvère normand du XIII° siècle, publiées par M. A. Héron. (Rouen, 1880, in-4°.)

Mazarinades normandes, publiées par M. Beaurain. (Rouen, 1880-1881, in-4°.)

Chansons de Roger d'Andeli, seigneur normand des XII° et XIII° siècles, publiées par M. Héron. (Rouen, 1883, in-4°.)

Louis XIII et l'assemblée des notables à Rouen en 1617, documents publiés par M. Ch. de Beaurepaire. (Rouen, 1883, in-4°.)

Les belles et pieuses conceptions de François du Vauborel, publiées par M. Eugène de Beaurepaire. (Rouen, 1883, in-4°.)

Le château fortifié. Éclaircissements de Farin sur un chapitre de sa Normandie intérieure, publiés par M. Félix. (Rouen, 1884, in-4°.)

Entrée à Rouen du roi Henri II et de la reine Catherine de Médicis en 1550, publiée par M. Félix. (Rouen, 1885, in-4°.)

Les dits de Hue Archevesque, trouvère normand du XIII° siècle, publiés par M. Héron. (Rouen, 1885, in-4°.)

Entrée à Rouen du roi Henri IV en 1596, publiée par M. Félix. (Rouen, 1886, in-4°.)

— #**Société libre d'émulation, du commerce et de l'industrie de la Seine-Inférieure,** fondée en 1790 et *reconnue comme établissement d'utilité publique* le 12 avril 1852.

Mémoires, 1ʳᵉ série, t. I, an V; t. III, an VII, in-8°. — 2° série, t. I, an VIII; t. III, an X, in-8°. — 3° série, t. I, an X; t. IV, an XIII, in-8°. — 4° série, t. I, 1806; t. VI, 1811, in-8°. — 5° série, t. I, 1812; t. IX, 1819, in-8°. — 6° série, t. I, 1820; t. VII, 1826, in-8°. — 7° série, t. I, 1827; t. IV, 1830, in-8°. — 8° série, t. I, 1831; t. III, 1833, in-8°. — 9° série, t. I, 1834; t. II, 1835, in-8°. — 10° série, t. I, 1836; t. II, 1837, in-8°. — 11° série, t. I, 1838; t. II, 1839, in-8°. — 12° série, t. I, 1840; t. IV, 1844, in-8°. — 13° série, t. I, 1845; t. IV, 1848, in-8°. — 14° série, t. I, 1849; t. III, 1851, in-8°. — 15° série, t. I, 1852; t. III, 1854, in-8°. — 16° série, t. I, 1855; t. XXXII, 1886, in-8°.

Les tables des 15 premières séries des *Mémoires* ont été publiées à part.

ROUEN. (*Suite.*)

Précis historique sur la statue de Pierre Corneille érigée à Rouen par souscription en 1834, par M. A. Deville. (Rouen, 1838, in-8°.)

Compte rendu : Exposition universelle de Paris, 1855, in-8°.

Compte rendu : Exposition régionale de Rouen, 1859, in-8°.

Expositions départementales de la Seine-Inférieure, 1854, 1855, 1856, 3 vol. in-8°.

Catalogue du musée industriel de la Société, par M. Raimond Coulon. (Rouen, 1878, in-8°.)

Observatoire départemental de météorologie, annuaires des années 1884 et 1885, par MM. Raimond Coulon et Ludovic Gally. (Rouen, 1885-1886, 2 vol. in-8°.)

— **Société normande de géographie,** fondée et autorisée en mars 1879.

Bulletin, t. I, 1879; t. VIII, 1886, in-8°.

— **Société de l'histoire de Normandie,** fondée en 1869.

Bulletin, t. I, 1870-1875; t. III, 1881-1885, in-8°.

Collection de chroniques, mémoires et documents sur l'histoire de la province, dont 30 volumes ont paru, savoir :

Chronique normande de Pierre Cochon, notaire apostolique à Rouen, publiée par M. Charles de Beaurepaire. (Rouen, 1870, in-8°.)

Actes normands de la Chambre des comptes sous Philippe de Valois, publiés par M. Léopold Delisle. (Rouen, 1871, in-8°.)

Chronique de Robert de Torigni, abbé du Mont-Saint-Michel, publiée par M. Léopold Delisle. (Rouen, 1872-1873, 2 vol. in-8°.)

Histoire générale de l'abbaye du Mont-Saint-Michel, par dom Jean Huynes, publiée par M. Eugène de Beaurepaire. (Rouen, 1872-1873, 2 vol. in 8°.)

Histoire ecclésiastique du diocèse de Coutances, par René Toustain Billy, publiée par MM. François Dolbet et A. Héron. (Rouen, 1874-1886, 3 vol. in-8°.)

Le Canarien. Livre de la conquête et conversion des Canaries (1402-1422), par Jean de Béthencourt, publié par M. G. Gravier. (Rouen, 1874, in-8°.)

Documents relatifs à la fondation du Havre, recueillis et publiés par M. Stéphano de Merval. (Rouen, 1875, in-8°.)

Cahiers des États de Normandie sous les règnes de Louis XIII et de Louis XIV, publiés par M. Charles de Beaurepaire. (Rouen, 1876-1878, 3 vol. in-8°.)

Mémoires du président Bigot de Monville sur la sédition des nu-pieds et l'interdiction du parlement de Normandie en 1639, publiés par M. d'Estaintot. (Rouen, 1876, in-8°.)

Mémoires de Pierre Thomas, sieur du Fossé, publiés par M. F. Bouquet. (Rouen, 1876-1879, 3 vol. in-8°.)

Histoire de l'abbaye de Saint-Michel du Tréport, par J.-B. Coquelin, publiée par M. C. Lormier, t. I. (Rouen, 1879, in-8°.)

Cahiers des États de Normandie sous le règne de Henri IV, publiés par M. Charles de Beaurepaire. (Rouen, 1880-1882, 2 vol. in-8°.)

Rouen. (*Suite.*)

Coutumiers de Normandie, texte latin du très ancien Coutumier, publié par
M. Joseph Tardif. (Rouen, 1881, in-8°.)

Chronique du Bec et Chronique de Pierre Carré, publiées par M. l'abbé Porée.
(Rouen, 1883, in-8°.)

Documents concernant la Normandie, extraits du « Mercure françois » (1605-
1614), publiés par M. A. Héron. (Rouen, 1883, in-8°.) :

*Histoire de l'abbaye royale de Saint-Pierre de Jumièges par un religieux béné-
dictin*, publiée par M. l'abbé Julien Loth. (Rouen, 1883-1886, 3 vol. in-8°.)

Documents concernant l'histoire de Neufchâtel-en-Bray et de ses environs, publiés par M. F. Bouquet. (Rouen, 1884, in-8°.)

Le Dragon normand et autres poèmes d'Étienne de Rouen, publiés par M. Henri
Omont. (Rouen, 1884, in-8°.)

Histoire civile et militaire de Neufchâtel-en-Bray, par dom Bodin, publiée
par M. F. Bouquet. (Rouen, 1885, in-8°.)

— **Société normande d'hygiène pratique**, fondée en 1884 et autorisée le 5 novembre de la même année.

Bulletin, t. I, 1884-1885, in-8°.

— *Société industrielle de Rouen*, fondée en 1872 et *reconnue comme établissement d'utilité publique* le 18 juillet 1878.

Bulletin, t. I, 1873; t. XIV, 1886, in-8°.

Les premiers éléments de la science de la couleur, par M. A. Rosenthiel. (Rouen,
1884, in-8°.)

Une table des articles contenus dans les 10 premiers volumes des *Bulletins*
a paru en 1883.

— **Société de médecine de Rouen**, fondée et autorisée en 1821.

Bulletin, formant 5 fascicules in-8° qui répondent aux années 1825-1859.

Union médicale de la Seine-Inférieure, journal paraissant tous les trois mois depuis ·
1861, in-8°.

Bulletin mensuel, t. I, 1884; t. III, 1886, in-8°.

— **Société libre des pharmaciens de Rouen**, fondée en 1802.

Bulletin, t. I, 1850-1852; t. V, 1867, in-8°.

— **Société vétérinaire de la Seine-Inférieure et de l'Eure**, fondée en 1852.

Bulletin, t. I, 1852; t. XXVII, 1884, in-8°.

Saint-Valery-en-Caux. — **Société de géographie de Saint-Valery-en-Caux**, fondée au mois de décembre 1883.

Bulletin, t. I, 1884; t. III, 1886, in-8°. -

SEINE-ET-MARNE.

FONTAINEBLEAU. — **Société historique et archéologique du Gâtinais**, fondée en 1883 et autorisée le 12 février de la même année.

Annales, t. I, 1883; t. IV, 1886, in-8°.

Lettres d'Odet de Coligny, cardinal de Châtillon, publiées par M. Léon Marlet. (Fontainebleau, 1885, in-8°.)

Cartulaire de Notre-Dame d'Étampes, publié par M. Ailliot. (Sous presse.)

Séjours des rois de France dans le Gâtinais, par M. Eugène Thoison. (Sous presse.)

MEAUX. — **Société libre d'agriculture, sciences, lettres et arts de l'arrondissement de Meaux**, fondée le 1er mars 1761 sous le titre de *Bureau d'agriculture*, réorganisée en 1798 et en 1832.

Rapports, n° 1, 1798; n° 12, 1813, in-8°.

Travaux, t. I, 1833; t. XLII, 1886, in-8°.

Voyage en Angleterre et en Écosse, par MM. Barrat et Jourdier. (Meaux, 1851, in-8°.)

Lectures sur l'histoire de l'agriculture dans le département de Seine-et-Marne, depuis les temps les plus reculés jusqu'à nos jours, par M. l'abbé Denis. (Meaux, 1881, in-8°.)

MELUN. — **Société d'archéologie, sciences, lettres et arts de Seine-et-Marne**, fondée le 16 mai 1864 et autorisée le 23 juillet suivant.

Bulletin, t. I, 1865; t. X, 1886, in-8°.

— **Société des architectes du département de Seine-et-Marne**, fondée en 1876.

Bulletin, t. I, 1878, in-8°.

— **Société des pharmaciens de Seine-et-Marne**.

Bulletin annuel, in-8°.

NEMOURS. — **Société polytechnique de Nemours**, fondée en 1866.

SEINE-ET-OISE.

PONTOISE. — **Cercle sténographique de l'Île-de-France**, autorisé le 8 mai 1875.

Bulletin annuel, in-8°.

Le Progrès, journal bi-mensuel, 1re année, 1875; 12e année, 1886.

Pontoise. (*Suite.*)

Les classiques de la sténographie, recueils de documents concernant l'art abréviatif, in-12.

Rapport des commissaires nommés par l'Académie royale des sciences pour l'examen de la méthode de sténographie de Coulon de Thévenot, en 1787, in-12.

Discours prononcés aux différents parlements d'Europe, sur l'introduction de la sténographie dans les programmes d'études officiels, in-12.

La sténographie Duployé dans l'école et au lycée, par M. Francis Fauconnier, in-12.

L'orthographe d'usage apprise par la sténographie, par M. Francis Fauconnier, in-12.

— **Société historique et archéologique de l'arrondissement de Pontoise et du Vexin,** fondée en mars 1877 et autorisée le 4 septembre de la même année.

Mémoires, t. I, 1879; t. IX, 1886, in-8°.

Excursions archéologiques à Gisors, l'Isle-Adam, Maubuisson, Magny et Gonesse, 5 broch. in-8°.

L'abbaye de Maubuisson. Histoire et cartulaire, par MM. J. Depoin et A. Dutilleux. (Pontoise, 1882-1885, 4 vol. in-4°.)

Bibliographie de la ville et du canton de Pontoise, par M. Léon Thomas. (Pontoise, 1883, in-8°.)

Cartulaire de l'Hôtel-Dieu de Pontoise, par M. J. Depoin. (Pontoise, 1886, in-4°.)

La Renaissance dans le Vexin et dans une partie du Parisis, par M. Louis Régnier. (Pontoise, 1886, in-4°.)

Monographie de l'église Saint-Maclou de Pontoise, par M. Eugène Lefèvre-Pontalis. (Sous presse.)

Rambouillet. — **Société archéologique de Rambouillet,** fondée en octobre 1836 et autorisée le 1ᵉʳ décembre suivant.

Mémoires et documents, t. I, 1870; t. VII, 1882-1886, in-8°.

Recueil de chartes et pièces relatives au prieuré de Notre-Dame des Moulineaux et à la châtellenie de Paigny, publié par M. A. Moutié. (Paris, 1846-1847, in-4°.)

Cartulaire de l'abbaye de Notre-Dame des Vaux-de-Cernay, de l'ordre de Cîteaux, au diocèse de Paris, publié par MM. L. Merlet et A. Moutié. (Paris, 1857, 3 vol. in-4° avec atlas.)

Cartulaire de l'abbaye de Notre-Dame-de-la-Roche, de l'ordre de Saint-Augustin, au diocèse de Paris, publié par M. A. Moutié. (Paris, 1862, in-4° avec atlas.)

Tableaux généalogiques et sceaux des seigneurs de Chevreuse, par M. Moutié. (Paris, 1876, in-fol.)

17

VERSAILLES. — **Commission départementale des antiquités et des arts de Seine-et-Oise**, fondée le 2 septembre 1878, réorganisée et complétée le 2 septembre 1881.

Travaux, 1ᵉʳ fascicule, 1881; 6ᵉ fascicule, 1886, in-8°.

— * **Société d'agriculture et des arts de Seine-et-Oise**, fondée en 1798 et reconnue comme *établissement d'utilité publique* le 5 juin 1857.

 Mémoires, 1ʳᵉ série, t. I, 1798-1800; t. XIX, 1864, in-8°. — 2ᵉ série, t. I, 1866; t. XX, 1886, in-8°.

— **Société des amis des arts de Seine-et-Oise**, fondée en 1854.

— **Société des architectes de Seine-et-Oise**, fondée en 1844.

— **Société de pharmacie de Seine-et-Oise.**

— **Société versaillaise de photographie**, fondée le 16 juin 1884.

 Bulletin mensuel, in-8°, paraissant depuis le mois d'octobre 1884.

— **Société des sciences morales, des lettres et des arts de Seine-et-Oise**, fondée le 17 octobre 1834 et autorisée le 1ᵉʳ avril 1835.

 Discours, rapports, de 1834 à 1847, in-8°.

 Mémoires, t. I, 1847; t. XIV, 1885, in-8°.

 Journal de la santé de Louis XIV, publié par M. J.-A. Le Roi. (Versailles, 1862, in-8°.)

 Journal des règnes de Louis XIV et de Louis XV, de l'année 1701 à l'année 1744, par *Pierre Narbonne, premier commissaire de police à Versailles,* publié par M. J.-A. Le Roi. (Versailles, 1868, in-8°.)

— **Société des sciences naturelles et médicales de Seine-et-Oise**, fondée en octobre 1832 et autorisée le 20 février 1833.

 Mémoires, t. I, 1835; t. XIII, 1886, in-8°.

 Mémoires de la section de médecine, t. I, 1856; t. VI, 1863, in-8°.

 Conseil central d'hygiène de Seine-et-Oise, t. I, 1857; t. VIII, 1874, in-8°.

SÈVRES (DEUX-).

NIORT. — **Société de statistique, sciences, belles-lettres et arts du département des Deux-Sèvres**, fondée en 1836 et autorisée le 20 juin de la même année.

 Mémoires, 1ʳᵉ série, t. I, 1836; t. XX, 1859, in-8°. — 2ᵉ série, t. I, 1860; t. XX, 1883, in-8°. — 3ᵉ série, t. I, 1884; t. III, 1886, in-8°.

Niort. (Suite.)

Bulletin, in-8°, formant : 1° quelques fascicules contenant les procès-verbaux des séances jusqu'en 1863; 2° pour les années 1864-1866, un volume incomplet; 3° pour les années 1870-1887, 6 volumes complets.

Une table générale des Mémoires et Bulletins de la Société a été dressée par M. Léo Desaivre en 1883.

Documents pour servir à l'histoire de Niort, par M. Gouget. (Niort, 1860, in-8°.)

SOMME.

Abbeville. — Société d'émulation d'Abbeville, fondée le 11 octobre 1797 et réorganisée le 16 novembre 1831.

Mémoires, 1ʳᵉ série, comprenant des rapports et quelques travaux publiés de 1797 à 1810. — 2ᵉ série, t. I, 1833; t. XII, 1867-1868, in-8°. — 3ᵉ série, t. I, 1869-1872; t. III, 1877-1883, in-8°.

Procès-verbaux des séances, t. I, 1873-1876; t. VIII, 1886, in-8°.

Une table des Mémoires de la Société parus de 1797 à 1868 a paru en 1869.

Amiens. — *Académie des sciences, belles-lettres et arts d'Amiens, fondée en 1746 sous le titre de Société littéraire d'Amiens, autorisée le 25 août 1749; reçut le titre d'Académie des sciences, des lettres et des arts d'Amiens par lettres patentes du mois de juin 1750; supprimée en 1792; remplacée en l'an VII par la Société libre d'agriculture du département de la Somme, qui fut remplacée à son tour en l'an x par l'Académie des sciences, agriculture, commerce, belles-lettres et arts du département de la Somme: a repris en 1870 le titre d'Académie des sciences, des lettres et des arts d'Amiens; elle a été reconnue comme établissement d'utilité publique le 5 janvier 1877.

L'ancienne Académie n'a rien publié.

Séance publique de l'Académie des sciences, arts, agriculture et belles-lettres d'Amiens, le 15 germinal an XII. (Amiens, an XII, in-8°.)

Collection des rapports analytiques des travaux de l'Académie d'Amiens. (Amiens, 1811, in-4°.) — Ce volume, qui a paru en 5 livraisons, contient l'analyse des travaux de 1805 à 1808 et de 1811.

Mémoires, 1ʳᵉ série, t. I, 1835; t. X, 1857, in-8°. — 2ᵉ série, t. I, 1858; t. X, 1873, in-8°. — 3ᵉ série, t. I, 1874; t. X, 1883, in-8°. — 4ᵉ série, t. I, 1884, in 8°.

Le tome X de la 2ᵉ série contient, p. 506, la table de la 1ʳᵉ et de la 2ᵉ série. Elle a été dressée par M. J. Garnier. Le tome X de la 3ᵉ série renferme la table des 10 volumes de la 3ᵉ série.

AMIENS. (*Suite.*)

Table analytique des matières qui doivent composer la statistique du département de la Somme, par M. Creton. (Amiens, 1832, in-4°.)

Questions adressées à MM. les agriculteurs du département de la Somme, pour servir à la rédaction de la statistique. (Amiens, 1833, in-4°.)

Rapport sur les projets de chemin de fer entre Paris et Lille, par M. Duroyer. (Amiens, 1835, in-4°.)

Manuel d'agriculture pratique à l'usage des fermes de 30 hectares, par M. Spineux. (Amiens, 1841, in-12.)

Embranchement d'Amiens à Boulogne. Évaluation de la dépense et des produits d'exploitation. Rapport présenté par une commission spéciale. (Amiens, 1843, in-8°.)

— *Société des antiquaires de Picardie,* fondée en 1836 sous le nom de *Société d'archéologie du département de la Somme,* autorisée le 9 avril de la même année; a pris son titre actuel le 5 février 1839 et a été reconnue comme établissement d'utilité publique le 18 juillet 1851.

Mémoires, 1ʳᵉ série, t. I, 1838; t. X, 1850, in-8°. — 2ᵉ série, t. I, 1851; t. X, 1865, in-8°. — 3ᵉ série, t. I, 1867; t. VIII, 1883, in-8°.

Les tables des articles contenus dans la 1ʳᵉ et dans la 2ᵉ série des *Mémoires* ont paru à la fin des volumes de 1850 et de 1865.

Bulletin, t. I, 1841; t. XVI, 1886, in-8°.

Notice sur une découverte de monnaies picardes du xiᵉ siècle, par MM. Mallet et Rigolot. (Amiens, 1841, in-8°.)

Catalogue du musée départemental et communal d'antiquités, fondé à Amiens en 1836. (Amiens, 1845, in-8°.) — Une 2ᵉ édition de ce catalogue a été publiée en 1848.

Annuaire administratif et historique de la Somme pour les années 1852 et 1853, in-8°.

Notice des tableaux, objets d'art, d'antiquité et de curiosité exposés dans les salles de l'hôtel de ville d'Amiens du 20 mai au 7 juin 1860. (Amiens, 1860, in-8°.)

Notice des tableaux, objets d'art, d'antiquité et de curiosité exposés dans les galeries du musée de Picardie du 1ᵉʳ juin au 1ᵉʳ juillet 1886, à l'occasion du cinquantenaire de la fondation de la Société. (Amiens, 1886, in-8°.)

Collection de documents inédits sur l'histoire de la province, dont 10 volumes ont paru, savoir :

Coutumes locales du bailliage d'Amiens, rédigées en 1507, publiées par M. A. Bouthors. (Amiens, 1842-1852, 2 vol. in-4°.)

Introduction à l'histoire générale de la province de Picardie, par dom Grenier, publiée par MM. Ch. Dufour et J. Garnier. (Amiens, 1856, in-4°.)

Recherches historiques et critiques sur les anciens comtes de Beaumont-sur-Oise, du xᵉ au xiiiᵉ siècle, par M. L. Douët d'Arcq. (Amiens, 1855, in-4°.)

Histoire de la ville de Doullens, par M. l'abbé Delgove. (Amiens, 1865, in-4°.)

AMIENS. (*Suite.*)

Cartulaire de l'abbaye de Notre-Dame d'Ourscamps, de l'ordre de Cîteaux, fondée en 1129, au diocèse de Noyon, publié par M. Peigné-Delacourt. (Amiens, 1865, in-4°.)

Bénéfices de l'église d'Amiens ou état général des biens, revenus et charges du clergé du diocèse d'Amiens en 1730; avec des notes indiquant l'origine des biens, la répartition des dîmes, par M. F. Darsy. (Amiens, 1869-1871, 2 vol. in-4°.)

Histoire de l'abbaye et de la ville de Saint-Riquier, par M. l'abbé Hénocque. (Amiens, 1880-1883, 2 vol. in-4°.)

— *Société industrielle d'Amiens,* fondée et autorisée le 15 décembre 1861 et *reconnue comme établissement d'utilité publique* le 25 juillet 1864.

Bulletin, t. I, 1862; t. XXIV, 1886, in-8°.

Une table des 10 premiers volumes a paru en 1875 et une table des 10 volumes suivants a été dressée en 1884.

— Société linnéenne du nord de la France, fondée en 1838 et autorisée le 5 mai 1840. Elle a cessé d'exister en 1847 et a été reconstituée en 1865 sous le même titre.

Compte rendu de la première session, tenue à Abbeville, en juin 1838, in-8°.

Mémoires, t. I, 1866-1867; t. VI, 1884-1885, in-8°.

Bulletin, 1ʳᵉ série, t. I, 1840, in-8°. — 2° série, t. I, 1872-1873; t. VIII, 1886, in-8°.

— Société médicale d'Amiens, fondée en 1803.

Bulletin, formant 26 fascicules in-8° qui correspondent aux années 1861-1886.

Topographie médicale du département de la Somme, par MM. les Dʳˢ Hecquet, Malapert et Mangot. (Amiens, 1857, in-8°.)

Étude sur la Société de médecine d'Amiens, par M. le Dʳ Courtillier. (Amiens, 1864, in-8°.)

TARN.

ALBI. — Société des sciences, arts et belles-lettres du département du Tarn, fondée le 3 février 1878 et autorisée le 2 mai suivant.

Revue historique, scientifique et littéraire du département du Tarn, t. I, 1875-1877; t. VI, 1886-1887, in-4°. — Cette revue n'est publiée sous la direction de la Société que depuis l'année 1878.

Les bibliothèques publiques du département du Tarn, par M. Émile Jolibois, in-8°.

Relation des troubles et guerres civiles advenus au diocèse d'Albi à cause des hérésies (1561-1587), publiée par M. Émile Jolibois, in-8°.

ALBI. (*Suite.*)

Lettres de Colas, de sa femme; de son fils et de ses amis, publiées par M. Charles Pradel, in-8°.

Anciennes coutumes de Saint-Sulpice, publiées par M. Edmond Cabié, in-8°.

CASTRES. — Commission des antiquités de la ville de Castres et du département du Tarn, fondée le 3 août 1877 et autorisée le 6 octobre de la même année.

Bulletin, t. I, 1877-1878; t. V, 1882, in-8°.

— Société littéraire et scientifique de Castres, fondée en 1856.

Procès-verbaux, t. I, 1857; t. VI, 1867, in-8°.

TARN-ET-GARONNE.

MONTAUBAN. — Académie des sciences, belles-lettres et arts du département de Tarn-et-Garonne, fondée en 1730 sous le nom de *Société littéraire,* autorisée en 1741, reconstituée en 1796 sous le titre de *Société des sciences et arts,* et réorganisée en 1867 et en 1878. Elle a pris son titre actuel par délibération du 21 février 1883, approuvée le 3 mars de la même année.

Recueil agronomique, t. I, 1820; t. XLVII, 1866, in-8°.

Recueil littéraire, 1re série, t. I, 1867; t. IX, 1882-1883, in-8°. — 2e série, t. I, 1884-1885; t. II, 1886, in-8°.

Une table de la 1re série de ce *Recueil* a paru à la fin du volume de 1883.

— *Société archéologique de Tarn-et-Garonne,* fondée le 29 novembre 1866, autorisée le 17 décembre suivant et *reconnue comme établissement d'utilité publique* le 13 août 1884.

Bulletin, t. I, 1869-1870; t. XIV, 1886, in-8°.

VAR.

DRAGUIGNAN. — Société d'agriculture, commerce et industrie du Var, fondée le 20 mars 1800 sous le nom de *Société libre d'émulation,* reconstituée en 1865; a pris son titre actuel la même année et a été autorisée le 23 décembre 1865.

Bulletin, t. I, 1880; t. VII, 1886, in-8°.

— *Société d'études scientifiques et archéologiques de Draguignan,* fondée le 20 août 1855, autorisée le 2 avril 1856 et *reconnue comme établissement d'utilité publique* le 8 août 1876.

Bulletin, t. I, 1856; t. XVI, 1886-1887, in-8°.

A la fin du tome X, p. 403, se trouve une table des matières contenues dans les 10 premiers *Bulletins.*

Hyères. — **Société des architectes du Var**, fondée en 1884.

Toulon. — **Académie du Var**, fondée en 1811 sous le nom de *Société des sciences, lettres et arts*, et autorisée en 1817.

> *Mémoires*, 1ʳᵉ série, t. I, 1833; t. XXX, 1865, in-8°. — 2ᵉ série, t. I, 1868; t. XIII, 1886-1887, in-8°.
>
> *Histoire des divers agrandissements et des fortifications de la ville de Toulon, accompagnée d'un mémoire inédit du maréchal de Vauban,* par M. Octave Teissier. (Toulon, 1873, in-8°.)

VAUCLUSE.

Apt. — **Société littéraire, scientifique et artistique d'Apt**, fondée en 1863.

> *Annales*, t. I, 1863-1864; t. V, 1867-1868, in-8°.
>
> *Mémoires*, t. I, 1874-1877, in-8°.
>
> *Procès-verbaux*, t. I, 1873; t. III, 1880, in-8°.
>
> *Les évêques d'Apt, leurs blasons et leurs familles,* par M. Jules Terris. (Avignon, 1877, in-4°.)

Avignon. — **Académie de Vaucluse**, instituée le 20 juillet 1801 sous le nom de *Lycée,* reconstituée le 4 juin 1815 sous le titre d'*Académie,* dissoute en 1847, rétablie le 28 novembre 1880 et approuvée le 27 janvier 1881.

> *Mémoires,* t. I, 1882; t. V, 1886, in-8°.

— **Société des amis des arts d'Avignon**, fondée en 1875.

> *Catalogue d'exposition de tableaux,* 4 broch. in-8°.

Orange. — **Société d'agriculture, sciences et arts de la ville d'Orange**, fondée en 1810.

> *Bulletin,* t. I, 1861; t. VII, 1867, in-8°.

VENDÉE.

Fontenay-le-Comte. — **Société littéraire, artistique et archéologique de la Vendée**, fondée le 9 novembre 1881 et autorisée le 7 avril 1882.

> *Revue,* t. I, 1882; t. V, 1886, in-8°.

La Roche-sur-Yon. — **Société d'émulation de la Vendée**, fondée le 6 juillet 1854 et autorisée le 7 du même mois.

> *Annuaire,* 1ʳᵉ série, t. I, 1855; t. XIV, 1870, in-8°. — 2ᵉ série, t. I, 1872; t. X, 1880, in-8°. — 3ᵉ série, t. I, 1881; t. VI, 1886, in-8°.
>
> Des tables de la 1ʳᵉ et de la 2ᵉ série de l'*Annuaire* ont été publiées en 1871 et en 1881 par M. Eugène Louis.

VIENNE.

Poitiers. — **Athénée de Poitiers**, fondé en 1797 sous le nom de *Lycée des sciences et des arts de Poitiers*.

Séances publiques tenues de 1797 à 1810, 12 fascicules in-8°.

— *Société académique d'agriculture, belles-lettres, sciences et arts de Poitiers*, fondée le 11 mars 1789, autorisée en 1818 et *reconnue comme établissement d'utilité publique* le 14 avril 1876.

Bulletin, 1ᵗᵉ série, t. I, 1818; t. XI, 1845, in-8°. — 2ᵉ série, t. I, 1846; t. XIX, 1886, in-8°.

— *Société des antiquaires de l'Ouest*, fondée le 13 août 1834, autorisée le 24 février 1835 et *reconnue comme établissement d'utilité publique* le 15 juillet 1875.

Mémoires, 1ʳᵉ série, t. I, 1835; t. XL, 1876, in-8°. — 2ᵉ série, t. I, 1877; t. IX, 1886, in-8°. — Un atlas in-4° accompagne le tome II de la 1ʳᵉ série.

Bulletin, 1ʳᵉ série, t. I, 1834-1837; t. XIV, 1874-1876, in-8°. — 2ᵉ série, t. I, 1877-1879; t. III, 1883-1885, in-8°.

Une table générale des *Mémoires* et des *Bulletins* de la 1ʳᵉ série a été publiée en 1879.

Documents inédits pour servir à l'histoire du Poitou. (Poitiers, 1876, in-8°.)

— **Société des archives historiques du Poitou**, fondée au mois de novembre 1871 et autorisée le 11 décembre suivant.

Archives historiques du Poitou, t. I, 1872; t. XVII, 1886, in-8°.

— **Société d'émulation de Poitiers**, fondée en 1803.

Travaux, t. I, 1803; t. II, 1804, in-8°.

— **Société de médecine de Poitiers**, fondée en 1835.

Bulletin, n° 1, 1835; n° 32, 1869, in-8°.

VIENNE (HAUTE-).

Limoges. — **Société d'agriculture, sciences et arts de la Haute-Vienne**, fondée le 13 décembre 1759, autorisée le 12 mai 1761 et réorganisée le 15 janvier 1801.

Bulletin, t. I, 1822; t. LVI, 1886, in-8°.

— *Société archéologique et historique du Limousin*, fondée en 1845, autorisée le 3 décembre de la même année et *reconnue comme établissement d'utilité publique* le 14 novembre 1877.

LIMOGES. (*Suite.*)

Bulletin, 1re série, t. I, 1845-1846; t. XXII, 1873, in-8°. — 2e série, t. I, 1874; t. XI, 1886, in-8°.

Une table de la 1re série du *Bulletin* a paru en 1876.

Nobiliaire du diocèse et de la généralité de Limoges, par M. l'abbé Nadaud. (Limoges, 1856-1872, 4 vol. in-8°.)

Registres consulaires de la ville de Limoges (1504-1789). (Limoges, 1869-1884, 3 vol. in-8°.)

Annales manuscrites de Limoges, dites « Manuscrit de 1638 », publiées par MM. E. Ruben, B. Achard et Ducourtreux. (Limoges, 1873, in-8°.)

Documents historiques bas-latins, provençaux et français, concernant principalement la Marche et le Limousin, publiés par MM. Leroux, Molinier et Thomas. (Limoges, 1883-1885, 2 vol. in-8°.)

— **Société Gay-Lussac**, fondée en 1885.

Bulletin annuel, in-8°.

— **Société de médecine de la Haute-Vienne**, fondée en 1852.

Bulletin, t. I, 1852-1859, in-8°.

— **Société de pharmacie de la Haute-Vienne**, fondée en 1880 et autorisée le 8 décembre de la même année.

— **Société vétérinaire de la Corrèze, de la Creuse et de la Haute-Vienne**, fondée en 1883 et autorisée le 3 mars de la même année.

VOSGES.

ÉPINAL. — **Comité d'histoire vosgienne**, fondé en 1867.

Documents rares ou inédits de l'histoire des Vosges, t. I, 1868; t. IX, 1887, in-8°.

— *Société d'émulation du département des Vosges**, fondée le 8 janvier 1825 et reconnue comme établissement d'utilité publique le 10 octobre 1829.

Journal, n° 1, 1825; n° 25, 1843, in-8°.

Annales, t. I, 1831-1833; t. XXV, 1886, in-8°.

— **Société mycologique de France**, fondée en 1884.

Bulletin, t. I, 1884; t. III, 1886, in-8°.

SAINT-DIÉ. — **Société philomathique vosgienne**, fondée le 28 février 1875 et autorisée le 9 mars de la même année.

Bulletin, t. I, 1876; t. XII, 1886-1887, in-8°.

Histoire de l'abbaye de Senones par dom Calmet, publiée d'après le manuscrit original de la bibliothèque de la ville de Saint-Dié. (Saint-Dié, 1879, in-8°.)

IMPRIMERIE NATIONALE.

YONNE.

Auxerre. — **Lycée de l'Yonne**, fondé en l'an viii.

Mémoires, t. I, an x, in-8°.

— **Société des architectes de l'Yonne**, fondée en 1878.

— *Société des sciences historiques et naturelles de l'Yonne*, fondée et autorisée le 3 janvier 1847 et *reconnue comme établissement d'utilité publique* le 14 janvier 1861.

Bulletin, t. I, 1847; t. XL, 1886, in-8°.

Des tables analytiques décennales ont été publiées : la première en 1862, la deuxième en 1875, la troisième en 1883.

Les publications historiques de la Société comprennent :

Bibliothèque historique de l'Yonne, recueil de chroniques locales. (Auxerre, 1850-1852, 2 vol. in-4°.)

Cartulaire général de l'Yonne, recueil de documents authentiques pour servir à l'histoire des pays qui forment ce département, publié sous la direction de M. Maximin Quantin. (Auxerre, 1854-1860, 2 vol. in-4°.)

Étude historique sur Vézelay, par M. Aimé Chérest. (Auxerre, 1863-1868, 3 vol. in-8°.)

Histoire des guerres du Calvinisme et de la Ligue dans l'Auxerrois, le Sénonais et les autres contrées qui forment aujourd'hui le département de l'Yonne, par M. A. Challe. (Auxerre, 1863-1864, 2 vol. in-8°.)

Lettres de l'abbé Lebeuf, publiées sous la direction de MM. A. Chérest et Maximin Quantin. (Auxerre, 1866-1867, 2 vol. in-8°.) — La table de ces 2 volumes a été tirée à part, in-8°.

Conférences faites à Auxerre sous le patronage de la Société, publiées par M. Henri Monceaux. (Auxerre, 1868, in-8°.)

Catalogue du musée d'Auxerre, 1re section, monuments lapidaires, par M. Chérest. (Auxerre, 1869, in-8°.) — Une 2e édition revue par M. Quantin a été publiée en 1884.

Catalogue du musée d'Auxerre, 3e section, beaux-arts, par M. Passepont. (Auxerre, 1872, in-8°.) — Un supplément à ce volume a paru en 1877, in-8°.

La Puisaye et le Gâtinais dans le département de l'Yonne, par M. A. Challe. (Auxerre, 1872, in-8°.)

Recueil de pièces pour faire suite au cartulaire de l'Yonne, publié par M. Maximin Quantin. (Auxerre, 1873, in-8°.)

Catalogue des manuscrits de la bibliothèque d'Auxerre, par M. Maximin Quantin. (Auxerre, 1874, in-8°.)

Histoire du comté de Tonnerre, par M. A. Challe. (Auxerre, 1875, in-8°.)

AUXERRE. (Suite.)

La vie et les œuvres de A.-T. Marie, par M. Chérest. (Auxerre, 1876, in-8°.)

Recherches sur l'histoire et les institutions de la ville de Vermanton, par M. Maximin Quantin. (Auxerre, 1876, in-8°.)

Bibliothèque d'Auxerre. Catalogue des ouvrages de la section départementale, par M. Maximin Quantin. (Auxerre, 1877, in-8°.)

Dictionnaire archéologique du département de l'Yonne, époque celtique, par M. Salmon. (Auxerre, 1877, in-8°.)

Catalogue des ouvrages concernant le département de l'Yonne donnés par M. le comte de Bastard à la bibliothèque d'Auxerre. (Auxerre, 1878, in-8°.)

Histoire de l'Auxerrois, son territoire, son diocèse, son comté, ses baronnies, son bailliage et ses institutions coutumières et municipales, par M. Challe. (Auxerre, 1878, 2 vol. in-8°.)

L'archiprêtre, épisode de la guerre de Cent ans au XIVᵉ siècle, par M. Chérest. (Auxerre, 1879, in-8°.)

Histoire de la ville et du comté de Joigny, par M. Challe. (Auxerre, 1882, in-8°.)

Dictionnaire des patois de l'Yonne, par M. Jossier. (Auxerre, 1882, in-8°.)

Notice biographique sur M. Ambroise Challe, par M. Maximin Quantin. (Auxerre, 1883, in-8°.)

Correspondance de l'abbé Lebeuf et du président Bouhier, avec une notice sur les tombeaux de Quarré, publiée par M. Ernest Petit. (Auxerre, 1885, in-8°.)

Histoire de la rivière d'Yonne, par M. Maximin Quantin. (Auxerre, 1885, in-8°.)

Cahiers des paroisses du bailliage d'Auxerre pour les États généraux de 1789, texte complet avec une préface, par M. Demay. (Auxerre, 1885, in-8°.)

Les publications scientifiques de la Société comprennent :

Étude sur les mollusques fossiles du département de l'Yonne, par M. G. Cotteau. (Auxerre, 1853-1857, in-8°.)

Étude sur les échinides fossiles du département de l'Yonne, par M. G. Cotteau. (Auxerre, 1854-1860, 2 vol. in-8°.)

Flore de l'Yonne. 1ʳᵉ partie. Phanérogames, par M. E. Ravin. (Auxerre, 1860, in-8°.)

Les insectes nuisibles aux arbres fruitiers, aux plantes potagères, aux céréales et aux plantes fourragères, par M. Goureau. (Auxerre, 1862, in-8°.) — Un premier supplément à cet ouvrage a été publié en 1863 et un second supplément en 1865.

Histoire naturelle des diptères des environs de Paris, œuvre posthume du Dʳ Robineau-Desvoidy, publiée par M. Henri Monceau. (Auxerre, 1863, 2 vol. in-8°.)

Catalogue méthodique des animaux vertébrés qui vivent à l'état sauvage dans le département de l'Yonne, par M. Paul Bert. (Auxerre, 1864, in-8°.)

Faune du département de l'Yonne, coléoptères, cicindélides et carabides, par M. Piochard de la Brûlerie. (Auxerre, 1865, in-8°.)

18.

AUXERRE. (*Suite.*)

Les insectes nuisibles aux forêts et aux arbres d'avenue. (Auxerre, 1867, in-8°.)

Les insectes nuisibles à l'homme, aux animaux et à l'économie domestique, par M. Goureau. (Auxerre, 1868, in-8°.)

Monographie de l'étage portlandien du département de l'Yonne, par MM. R. de Loriol et G. Cotteau. (Auxerre, 1868, in-4°.)

Les insectes nuisibles aux arbustes et aux plantes de parterre, par M. Goureau. (Auxerre, 1869, in-8°.)

Catalogue des hémiptères du département de l'Yonne, par M. le Dr Papulin. (Auxerre, 1874, in-8°.)

Flore de l'Yonne. 2e partie. Cryptogames et mousses, par M. E. Ravinseli. (Auxerre, 1875, in-8°.)

Étude sur les poissons et les reptiles des terrains crétacés et jurassiques supérieurs de l'Yonne, par M. Sauvage. (Auxerre, 1879, in-8°.)

Catalogue des coléoptères du département de l'Yonne, par MM. Louferne et Poulin. (Auxerre, 1881, in-8°.)

— **Société médicale de l'Yonne,** fondée le 21 août 1844, autorisée en 1846 et réorganisée en 1858.

Bulletin, t. I, 1862; t. XXVII, 1886, in-8°.

— **Société pour la propagation de l'instruction populaire dans l'Yonne,** fondée en 1869.

Bulletin, 2 vol. in-8°.

AVALLON. — **Société d'études d'Avallon,** fondée le 27 février 1859 et autorisée le 5 avril de la même année.

Bulletin, t. I, 1859; t. XXVI, 1885, in-8°.

SENS. — **Société archéologique de Sens,** fondée au mois d'avril 1844 et autorisée le 24 juin de la même année.

Bulletin, t. I, 1846; t. XIII, 1885, in-8°.

Le tome XI renferme une table des matières contenues dans les 10 premiers volumes du *Bulletin.* Elle a été dressée par M. G. Julliot.

Chroniques de l'abbaye de Saint-Pierre-le-Vif, rédigées vers la fin du XIIIe siècle, par Geoffroy de Courlon, publiées par M. G. Julliot. (Sens, 1876, in-8°.)

Musée gallo-romain de Sens, album in-folio de planches photogravées.

Cartulaire sénonais de Balthazar Taveau, publié par M. G. Julliot. (Sens, 1884, in-4°.)

Le livre des reliques de Saint-Pierre-le-Vif de Sens, rédigé par Geoffroy de Courlon et suivi de plusieurs appendices, publié par MM. G. Julliot et Prou. (Sous presse.)

ALGER.

Alger. — **Association scientifique algérienne**, fondée le 27 octobre 1879.

Bulletin, paraissant par livraisons trimestrielles depuis 1880, in-8°.

— **Société des beaux-arts, des sciences et des lettres d'Alger**, fondée en 1868.

Revue algérienne, paraissant par livraisons mensuelles depuis 1877, in-4°.

Annuaire annuel, in-8°.

L'élégie, par M. Remy Trech. (Alger, 1878, in-8°.)

— **Société de géographie d'Alger**, fondée le 4 septembre 1879.

Bulletin, t. I, 1880; t. VII, 1886, in-8°.

— **Société historique algérienne**, fondée et autorisée en 1856.

Revue africaine, t. I, 1856; t. XXX, 1886, in-8°.

Du meilleur système à suivre pour l'exploration de l'Afrique centrale. (Alger, 1860, in-8°.)

— **Société de médecine d'Alger**, fondée le 6 juillet 1860.

Bulletin, t. I, 1862, in-8°.

— **Société des sciences physiques, naturelles et climatologiques de l'Algérie**, fondée le 12 décembre 1863 et autorisée le 22 décembre de la même année.

Bulletin, t. I, 1864; t. XXIII, 1886, in-8°.

CONSTANTINE.

Bône. — **Académie d'Hippone**, fondée le 8 avril 1863.

Bulletin, n° 1, 1865; n° 21, 1885-1886, in-8°.

Essai d'un catalogue minéralogique algérien alphabétique et descriptif, par M. A. Papier. (Bône, 1873, in-fol.)

Constantine. — **Société archéologique du département de Constantine**, fondée le 5 décembre 1852, autorisée le 12 du même mois.

Recueil, 1re série, t. I, 1853; t. X, 1866, in-8°. — 2e série, t. XI, 1867; t. XXI, 1881, in-8°. — 3e série, t. XXII, 1882; t. XXIII, 1883-1884, in-8°.

Une table des 20 premiers volumes est contenue dans le tome XXI.

Album du musée de Constantine, 1er cahier, 1862; 2e cahier, 1863, in-4°.

ORAN.

ORAN. — **Société de géographie et d'archéologie de la province d'Oran**, fondée et autorisée le 19 juin 1878.

Bulletin, t. I, 1878; t. VI, 1886, in-8°.
Bulletin trimestriel des antiquités africaines, t. I, 1882-1883; t. IV, 1886, in-8°.

COCHINCHINE.

SAÏGON. — **Comice agricole et industriel de la Cochinchine française**, fondé en 1864.

Bulletin, 1re série, t. I, 1865-1867; t. II, 1868, in-8°. — 2e série, t. I, 1872-1878, in-8°. — 3e série, t. I, 1878-1879, in-8°. — 4e série, t. I, 1880-1881, in-8°.
La Cochinchine française en 1878. (Paris, 1878, in-8°.)

— **Société des études indo-chinoises de Saïgon**, fondée en 1883.

Bulletin, t. I, 1883; t. IV, 1886, in-8°.

ÎLE DE LA RÉUNION.

SAINT-DENIS. — **Société des lettres, sciences et arts de l'île de la Réunion**, fondée en 1855 et autorisée en 1865.

Bulletin, t. I, 1856; t. XXX, 1886, in-8°.

www.ingramcontent.com/pod-product-compliance
Lightning Source LLC
Chambersburg PA
CBHW070756290326
41931CB00011BA/2043